Τόλμη

Πώς να Λαμβάνουμε Γρήγορες και Αποτελεσματικές Αποφάσεις

Dan Desmarques

22 Lions

Τόλμη: Πώς να Λαμβάνουμε Γρήγορες και Αποτελεσματικές Αποφάσεις

Γράφτηκε από τον Dan Desmarques

Ευρετήριο

Εισαγωγή

Σε έναν κόσμο όπου η αβεβαιότητα και η αναποφασιστικότητα συχνά μας παραλύουν, η ικανότητα να λαμβάνουμε αποφάσεις γρήγορα και αποτελεσματικά είναι απαραίτητη. Το βιβλίο «Τόλμη: Πώς να Λαμβάνουμε Γρήγορες και Αποτελεσματικές Αποφάσεις» είναι ένας ολοκληρωμένος οδηγός που σας δίνει τα εργαλεία και τις γνώσεις που χρειάζεστε για να αντιμετωπίσετε με αυτοπεποίθηση τις περίπλοκες καταστάσεις της ζωής. Περισσότερο από μια απλή συλλογή θεωριών, το βιβλίο αυτό λειτουργεί ως ένα πρακτικό εγχειρίδιο που βασίζεται στην εκτεταμένη εμπειρία και σοφία του συγγραφέα και σας βοηθά να μεταμορφώσετε τη διαδικασία λήψης αποφάσεων και να επιτύχετε τους στόχους σας.

Τι θα μάθετε:

- Κατανοήστε το φόβο και την αναποφασιστικότητα: ανακαλύψτε τις βαθύτερες αιτίες τους και μάθετε πώς να τις ξεπερνάτε.

- Η τέχνη της λήψης αποφάσεων: εξερευνήστε τα στοιχεία που επηρεάζουν τις επιλογές μας και μάθετε πώς να σκέφτεστε αποτελεσματικά για να μεγιστοποιήσετε τα αποτελέσματα.

- Μετασχηματιστικές ιδέες: αποκτήστε μια βαθύτερη κατανόηση του εαυτού σας και του ρόλου της σοφίας στη λήψη των σωστών αποφάσεων.

- Πρακτικές στρατηγικές: Μάθετε πρακτικά βήματα για να λαμβάνετε αποφάσεις γρήγορα και αποτελεσματικά, ακόμη και σε δύσκολες καταστάσεις.

- Παραδείγματα από την πραγματική ζωή: Βασιστείτε στις προσωπικές εμπειρίες και τα ανέκδοτα του συγγραφέα που επεξηγούν τις αρχές που συζητούνται.

Είτε είστε φοιτητής, είτε επαγγελματίας είτε κάποιος που αναζητά την προσωπική του ανάπτυξη, το βιβλίο αυτό προσφέρει πολύτιμες γνώσεις και πρακτικές συμβουλές που μπορούν να εφαρμοστούν σε διάφορες πτυχές της ζωής σας. Κατανοώντας τη δυναμική της λήψης αποφάσεων και τους παράγοντες που επηρεάζουν τις επιλογές μας, μπορείτε να βελτιώσετε την ικανότητά σας να κάνετε τεκμηριωμένες και αποτελεσματικές επιλογές. Μην αφήνετε το φόβο και την αναποφασιστικότητα να σας σταματήσουν. Το βιβλίο Τόλμη: Πώς να Λαμβάνουμε Γρήγορες και Αποτελεσματικές Αποφάσεις είναι ο οδικός σας χάρτης για την ασφαλή και αποτελεσματική λήψη αποφάσεων.

Κεφάλαιο 1: Η πρόκληση της λήψης αποφάσεων

Πολλά από τα προβλήματα της ζωής πηγάζουν από τη δυσκολία λήψης αποφάσεων ή από το φόβο ότι θα κάνετε λάθη. Ωστόσο, η εμπειρία του να κάνουμε λάθη και ο συνεχής φόβος του να κάνουμε λάθη δεν βελτιώνουν απαραίτητα την ικανότητά μας να παίρνουμε αποφάσεις. Η σωστή απόφαση, που λαμβάνεται με αυτοπεποίθηση, προέρχεται από στέρεη εσωτερική γνώση και βασίζεται στη σοφία. Παρόλο που μπορεί να μην έχουμε ποτέ τον έλεγχο των μελλοντικών πραγματικοτήτων, μπορούμε να κάνουμε επιλογές που αυξάνουν τις δυνατότητες επιτυχίας μας. Οι μεγάλοι ηγέτες και οι επιτυχημένοι επιχειρηματίες τείνουν να παίρνουν συχνότερα τις σωστές αποφάσεις, επειδή αναγνωρίζουν στοιχεία της πραγματικότητας που πολλοί δεν μπορούν να δουν. Μπορούμε να μάθουμε να αναγνωρίζουμε αυτά τα στοιχεία και να σκεφτόμαστε αποτελεσματικά για να μεγιστοποιούμε τα αποτελέσματά μας σε όλες τις καταστάσεις.

Κατά τη διάρκεια της ζωής μας, συναντάμε προβλήματα προς επίλυση και διλήμματα που απαιτούν από εμάς να σκεφτούμε τον καλύτερο τρόπο δράσης. Τελικά, τα αποτελέσματα των επιλογών μας είναι αυτά που αποκαλύπτουν τη σημασία τους. Δεν μπορούμε να γυρίσουμε πίσω στο χρόνο και, αν μπορούσαμε, ίσως να μην είχαμε αποτολμήσει τόσο πολύ προς τη λάθος κατεύθυνση. Ωστόσο, χωρίς αυτά τα λάθη, δεν θα είχαμε μάθει. Αναζητούμε διαρκώς την αλήθεια, χωρίς ποτέ να την κατανοούμε πλήρως, γιατί και αυτή μας μεταμορφώνει. Μπροστά σε αυτούς τους μετασχηματισμούς, μπορεί να χάσουμε πολλούς από τους ανθρώπους που αγαπάμε και σεβόμαστε, επειδή είναι βυθισμένοι σε άλλες πραγματικότητες με διαφορετικές προκλήσεις από τη δική μας.

Όσο πιο γρήγορα μάθουμε και μετασχηματίζουμε τους εαυτούς μας, τόσο πιο γρήγορα θα πραγματοποιηθεί η διαδικασία που περιγράφεται. Ωστόσο, αυτό δεν σημαίνει ότι τα αποτελέσματά μας θα είναι πιο ορατά. Οι εσωτερικοί μετασχηματισμοί σπάνια είναι ορατοί στους άλλους. Μόνο εμείς καταλαβαίνουμε το νόημα της θλίψης, της κατάθλιψης και των φόβων μας. Οι άλλοι δεν κατανοούν αυτά τα συναισθήματα με τον ίδιο τρόπο, επειδή οι ψυχές τους έχουν περάσει από διαφορετικές διαδικασίες σε διαφορετικές ζωές και μέρη. Συναντάμε πολλές ψυχές κατά τη διάρκεια της ζωής μας, που όλες αναζητούν την ίδια ευτυχία, την ειρήνη και την πνευματική ολοκλήρωση, αλλά η καθεμιά την αναζητά διαφορετικά σε διαφορετικές ζωές. Αν αυτό δεν συνέβαινε, αν η αλήθεια βρισκόταν ήδη μέσα μας, όλα τα διλήμματα θα ήταν απλές ψευδαισθήσεις. Κατά κάποιον τρόπο, αυτό είναι αλήθεια αν θεωρήσουμε τα προβλήματα ως ψευδαισθήσεις σε διαφορετικά επίπεδα:

Πρώτο επίπεδο: αντιμετωπίζουμε τη δύναμη της ανισότητας και της δυστυχίας.

Δεύτερο επίπεδο: αντιμετωπίζουμε την πολικότητα της επιλογής και της δυνατότητας.

Τρίτο επίπεδο: αναλαμβάνουμε την ευθύνη για τη δημιουργία των προβλημάτων μας.

Σε αυτό το τελικό επίπεδο, το άτομο δεν λέει πλέον «με πρόδωσαν», αλλά «επέλεξα το λάθος άτομο». Δεν λέει πλέον «Έμεινα άνεργος επειδή με απέλυσαν», αλλά «Επέλεξα τη δουλειά μου και τον λάθος δρόμο στη ζωή». Δεν λένε πλέον «Είμαι δυστυχισμένη», αλλά «Πρέπει να αναλάβω την ευθύνη για τη δική μου ευτυχία».

Οι περισσότεροι άνθρωποι παραμένουν μεταξύ του πρώτου και του δεύτερου σταδίου, είτε επειδή επιλέγουν να είναι σκλάβοι του χρήματος και της ανάγκης να ανήκουν σε ένα σύστημα που τους αποδίδει ένα κοινωνικό επίπεδο, είτε επειδή αισθάνονται εξαρτημένοι από συναισθηματικές δομές για να επιβιώσουν. Επιπλέον, η συντριπτική πλειονότητα των ανθρώπων ζει με το φόβο της μοναξιάς, γεγονός που τους εμποδίζει να εξερευνήσουν νέα μονοπάτια στη ζωή. Αυτός ο φόβος εκδηλώνεται με διάφορους τρόπους, όπως η αποδοκιμασία από τους άλλους, η κριτική και οι διαφορετικοί τρόποι σκέψης που οδηγούν στον κοινωνικό διαχωρισμό.

Εγώ, για παράδειγμα, έχω μετακομίσει πολύ σε όλη μου τη ζωή και έχω κάνει διαφορετικές δουλειές σε διαφορετικές χώρες. Ως αποτέλεσμα, όλοι όσοι συνδέονταν μαζί μου κατέληγαν να απομακρύνονται από μένα. Ένιωθαν ότι δεν ήμουν πλέον το ίδιο άτομο. Αυτό είναι απολύτως φυσιολογικό, διότι οι περισσότεροι άνθρωποι, αν και έχουν μάτια για να βλέπουν, είναι τυφλοί απέναντι στην ψυχή ενός άλλου ανθρώπου και στην αθανασία αυτής της ψυχής. Οι άνθρωποι προσκολλώνται σε στερεότυπα και επιφανειακές αντιλήψεις της πραγματικότητας. Όταν αυτές οι αντιλήψεις αλλάζουν, αισθάνονται σαν το άτομο να έχει πραγματικά πεθάνει και του συμπεριφέρονται σαν να έχει πεθάνει πραγματικά. Έτσι, ένα άτομο με πολλούς φίλους δεν έχει τίποτα για το οποίο να είναι περήφανο, επειδή δεν έχει αλλάξει αρκετά ώστε να τους χάσει. Τέλος πάντων, όλα αυτά είναι μέρος της ζωής.

Όταν μαθαίνουμε να κάνουμε τις σωστές επιλογές και όχι εκείνες που υποκινούνται από τους φόβους μας, όλες οι ψευδαισθήσεις εξαφανίζονται και αναλαμβάνουμε την ευθύνη για το μέλλον μας. Όταν έρθει αυτή η στιγμή, συνειδητοποιούμε ότι, σύμφωνα με την Μπαγκαβάντ Γκίτα, «όλα τα όντα στον κόσμο βρίσκονται σε βαθιά άγνοια εξαιτίας της ψευδαίσθησης των δυαδικοτήτων». Όλες οι δυαδικότητες που αντιμετωπίζουμε, και επομένως όλες οι επιλογές που πρέπει να κάνουμε, εντάσσονται σε μια δυναμική που έχει να κάνει λιγότερο με την άμεση επιλογή που έχουμε μπροστά μας και περισσότερο με το μέλλον που προσδοκούμε.

Κεφάλαιο 2: Η αναζήτηση πραγματικών συνδέσεων

Μερικές φορές οδηγούμαστε από τις ανάγκες άλλων ανθρώπων, ενώ σε άλλες περιπτώσεις κατακλυζόμαστε από τις επιλογές που πρέπει να κάνουμε ανεξάρτητα. Οι καταστάσεις αυτές γίνονται αντιληπτές ως διαφορετικές μόνο και μόνο επειδή δεν έχουμε κατακτήσει την τέχνη της λήψης αποφάσεων. Για παράδειγμα, ο εγωισμός γίνεται εμφανής όταν κάποιος μας αναγκάζει να αναβάλουμε τους δικούς μας στόχους προκειμένου να εκπληρώσουμε τους δικούς του. Όταν αυτός ο εγωισμός αναγνωρίζεται, το άτομο συνήθως μας τιμωρεί για τη βοήθειά μας. Αν και μπορεί να φαίνεται παράλογο, οι εγωιστές άνθρωποι τείνουν να τιμωρούν όσους τους βοηθούν, σαν να οδηγούνται από μια δύναμη που δεν μπορούν να ελέγξουν. Επομένως, το να βοηθήσετε ένα εγωιστικό άτομο δεν αποτελεί πραγματική επιλογή. Έχει περισσότερο να κάνει με την ψυχική κατάσταση του ατόμου που ζητάει βοήθεια παρά με τη βοήθεια που ζητάει.

Σκεπτόμενος τις ευκαιρίες που συναντάμε στη ζωή, θυμάμαι ότι έλαβα τρεις προτάσεις εργασίας: μία στην Ευρώπη, μία άλλη στην Ασία και μία τρίτη αφού είχα ήδη αποδεχτεί τη θέση στην Ασία. Οι ευρωπαϊκές προσφορές ήταν πιο προσοδοφόρες οικονομικά. Ωστόσο, η απόφασή μου να πάω στην Ασία δεν είχε ως κίνητρο τα χρήματα, αλλά την επιθυμία να γνωρίσω διαφορετικούς πολιτισμούς. Ως εκ τούτου, ο μισθός και η τοποθεσία δεν ήταν οι πιο σημαντικές πτυχές. Κατά τη διάρκεια αυτής της περιόδου, έλαβα αρκετές προτάσεις εργασίας από την Ευρώπη, όλες με υψηλότερους μισθούς, αλλά τις απέρριψα όλες.

Είναι συχνά δύσκολο για τους άλλους να το καταλάβουν αυτό, επειδή οι άνθρωποι γενικά καθοδηγούνται από βασικά ένστικτα. Αν δεν έχουν κίνητρο το φαγητό και το σεξ, έχουν κίνητρο το χρήμα. Παίρνουν αποφάσεις με βάση αυτούς τους παράγοντες και εκπλήσσονται από τα προβλήματα που αντιμετωπίζουν, θεωρώντας γενικά ανθρώπους σαν εμένα τυχερούς. Καθοδηγούμενοι από το κυνήγι της ευχαρίστησης και την επιθυμία να αποφύγουν την προσπάθεια, δεν κατανοούν το βαθύτερο νόημα της ύπαρξής τους. Ως αποτέλεσμα, αδυνατούν να δουν τις ευκαιρίες που κρύβονται πίσω από τις επιλογές που κάνουν, συνήθως λιγότερο ικανοποιητικής φύσης. Πολλές από τις μεγαλύτερες ευκαιρίες στη ζωή μου προέκυψαν μέσα από μονοπάτια που όλοι οι γνωστοί μου θα απέρριπταν, επειδή απαιτούσαν πολλή δουλειά, θυσίες και ρίσκο.

Οι άνθρωποι γενικά στερούνται αυτογνωσίας και δεν μπορούν να σκεφτούν πέρα από τα πρωτόγονα ένστικτά τους, γι' αυτό και η συντριπτική πλειοψηφία δεν προορίζεται για πλούτο. Η απληστία, η ανικανότητά τους, η έλλειψη αντίληψης, η έλλειψη κινήτρων για μάθηση, η τεμπελιά και η έλλειψη ειλικρίνειας διώχνουν οποιονδήποτε μπορεί να τους βοηθήσει. Έτσι ζουν στο παράδοξο να θέλουν περισσότερα, αλλά να μην έχουν τις ιδιότητες που θα τους έκαναν άξιους. Σπάνια παίρνουν αποφάσεις με βάση την περιέργεια, την επιθυμία για μάθηση ή την αγάπη. Επικεντρώνονται μόνο στην άμεση ικανοποίηση και την επιβίωση.

Οι άνθρωποι σπαταλούν χρόνια από τη ζωή τους που θα μπορούσαν να περάσουν καλύτερα προετοιμάζοντας τις ευκαιρίες που αναζητούν ή τουλάχιστον χτίζοντας ένα δίκτυο ανθρώπων που θαυμάζουν, αντί για ανθρώπους από τους οποίους επιδιώκουν να αποσπάσουν γνώσεις και ευκαιρίες. Τα προβλήματα που αντιμετωπίζουν, τα οποία είναι ουσιαστικά πνευματικής φύσης, τους φαίνονται φυσιολογικά, επειδή έχουν χαμηλή ευαισθητοποίηση. Αποδέχονται αυτά τα προβλήματα ως μέρος της ζωής και συνοψίζουν την ύπαρξή τους με δηλώσεις που εκλογικεύουν και δικαιολογούν τις επιλογές τους. Κατηγορούν κάποιο παρελθοντικό γεγονός στη ζωή τους ως αιτία των αποτελεσμάτων τους, επειδή δεν αναλαμβάνουν την ευθύνη για τις σκέψεις τους. Έχουν συνηθίσει τόσο πολύ αυτή τη συνήθεια που συχνά δεν έχουν κανέναν έλεγχο του μυαλού τους.

Όταν συναντώ αυτούς τους ανθρώπους, με βλέπουν από την ίδια οπτική γωνία εξαιτίας της νοοτροπίας τους. Προσποιούνται φιλία όταν θέλουν κάτι από μένα και εξαφανίζονται όταν δεν βρίσκουν αυτό που ψάχνουν. Πολλοί που με γνωρίζουν υποθέτουν ότι είμαι πλούσιος και, όταν ανακαλύπτουν ότι δεν έχω συσσωρεύσει τα πράγματα που εκτιμούν και επιθυμούν, με θεωρούν αποτυχημένο. Αυτά τα συμπεράσματα προέρχονται από την άγνοιά τους, την οποία αρνούνται να μάθουν από εμένα. Ωστόσο, το αναφέρω αυτό όχι από αλαζονεία, αλλά από αλτρουισμό, επειδή έχω λύσεις για τα προβλήματα που αντιμετωπίζουν, αλλά ποτέ δεν τις θέλουν. Οι ψευδαισθήσεις τους γίνονται μέρος της αλαζονείας του ίδιου τους του χαρακτήρα. Αρνούνται να ακούσουν, πιστεύοντας αλαζονικά ότι με καταλαβαίνουν και ότι γνωρίζουν τον λόγο της συνάντησής μας.

Ωστόσο, τα προβλήματα που συναντάμε και οι άνθρωποι που συναντάμε υπερβαίνουν τον χρόνο, καθιστώντας αυτές τις συναντήσεις κάτι περισσότερο από απλές συμπτώσεις. Προσελκύουμε αυτό που υπάρχει ήδη μέσα μας: λαμβάνουμε όταν δίνουμε και δίνουμε όταν λαμβάνουμε. Μπορεί να μην ξέρουμε πάντα τι προσφέρουμε στους άλλους, γιατί δρούμε με προσωπικό τρόπο. Ωστόσο, η παρουσία μας και τα καλά μας λόγια μπορεί να είναι ακριβώς αυτό που χρειάζονται.

Για παράδειγμα, ταξιδεύω πολύ και ξοδεύω πολύ χρόνο δουλεύοντας πάνω σε βιβλία και δεν περιμένω τίποτα περισσότερο από τους άλλους από την παρέα τους, αλλά συχνά δεν το καταλαβαίνουν αυτό γιατί δεν γνωρίζουν την αξία της ελευθερίας. Επίσης, δεν εκτιμούν την καλοσύνη και γι' αυτό σπαταλούν εντελώς τον χρόνο μου με αγένεια. Το να προσπαθούν να φαίνονται έξυπνοι δεν με εντυπωσιάζει, και οι περισσότεροι άνθρωποι συμπεριφέρονται ανόητα, επειδή ένας έξυπνος άνθρωπος δεν τρέφεται με το μυαλό, αλλά με την καλοσύνη και την ειλικρίνεια. Μόνο οι αδαείς, οι φτωχοί και οι αμόρφωτοι πιστεύουν ότι η κοινωνική εικόνα είναι πιο σημαντική από τον χαρακτήρα.

Κεφάλαιο 3: Ξεπερνώντας την αμφιβολία

Πολλοί άνθρωποι με πλησιάζουν μόνο όταν θέλουν κάτι, αγνοώντας τις συναισθηματικές πτυχές της φιλίας. Όταν παίρνουν τις πληροφορίες που θέλουν ή συνειδητοποιούν ότι δεν θα τις βρουν, εξαφανίζονται, μη θέλοντας να εμπλακούν σε μια αμοιβαία ανταλλαγή. Αυτή η συμπεριφορά μου προκαλούσε ιδιαίτερη έκπληξη όταν επρόκειτο για θρησκευόμενους ανθρώπους, ιδίως χριστιανούς, μέχρι να συνηθίσω την υποκρισία που επικρατεί ανάμεσά τους. Οι περισσότεροι άνθρωποι δεν αναζητούν πραγματικά τη θρησκεία- θέλουν μια ομάδα που προσφέρει ευκαιρίες, υψηλότερο κοινωνικό κύρος και την ικανοποίηση βασικών αναγκών, όπως η οικογένεια και η τεκνοποίηση. Βλέπουν τη θρησκεία ως μια μορφή κοινότητας και όχι ως μονοπάτι για πνευματική ανάπτυξη, οπότε εύκολα αποδέχονται και υπερασπίζονται το δόγμα. Το δόγμα γίνεται μέρος της ταυτότητάς τους, όπως και η κοινότητα γίνεται το μόνο που έχουν.

Ωστόσο, αν και ο εγωισμός είναι κοινός, τα εγωιστικά άτομα είναι συχνά δυστυχισμένα επειδή δεν μπορούν να δημιουργήσουν πραγματικές σχέσεις. Στην πραγματικότητα, όσο περισσότερους διαφορετικούς ανθρώπους συναντάμε, τόσο περισσότερο συνειδητοποιούμε ότι η δυστυχία εκδηλώνεται με διαφορετικούς τρόπους, οι οποίοι έχουν όλες τις ρίζες τους στην άγνοια, την ψευδαίσθηση και τον εγωισμό. Μόνο όταν ένα άτομο αποκτά επίγνωση των υπαρξιακών διλημμάτων σε ένα συναισθηματικό πλαίσιο, εξελίσσεται από μια συναισθηματική σε μια κοινωνική κατάσταση. Μέχρι τότε, είναι απλώς πρωτεύοντα θηλαστικά, παρόμοια με τους ανθρώπους, που επιδιώκουν την προσωπική ικανοποίηση εις βάρος των άλλων. Αυτό δεν τους καθιστά κοινωνικούς, αλλά μάλλον ψυχοπαθείς και ναρκισσιστές που βρήκαν έναν τρόπο να προσαρμοστούν στην κοινωνία.

Στη ζωή μας, αναπόφευκτα συναντάμε ανθρώπους που μας εκμεταλλεύονται, μας χρησιμοποιούν και μας ταπεινώνουν για δικό τους όφελος. Αυτές οι εμπειρίες μπορούν να δημιουργήσουν εμπόδια στην προσωπικότητά μας, που συνήθως εκδηλώνονται ως αμφιβολίες. Η αμφιβολία είναι σαν ένα γλυκό δηλητήριο, που συνήθως χορηγείται από εκείνους που ισχυρίζονται ότι μας αγαπούν ή θέλουν τη φιλία μας. Όταν αμφιβάλλουμε για τον εαυτό μας, δηλητηριάζουμε την ίδια μας την προσωπικότητα. Ωστόσο, ο αληθινός εαυτός - η πλήρης και αθάνατη ύπαρξη - παραμένει μέσα μας, κοιμισμένος, περιμένοντας την αφύπνιση. Αυτή η αφύπνιση έρχεται μέσω της αληθινής γνώσης, η οποία ανεβάζει το νου σε μια ανώτερη κατάσταση συνείδησης. Αυτή η γνώση μπορεί να επιτευχθεί μόνο μέσω εκείνων που είναι ικανοί να ανυψώσουν τους άλλους, και κάποιος πρέπει να είναι πρόθυμος να δεχτεί αυτή την ανύψωση.

Η αθάνατη ψυχή, αν και πάντα παρούσα, αφυπνίζεται μόνο όταν συναντά ένα συνειδητό άτομο. Σε αυτή την κατάσταση, το άτομο, που προηγουμένως ήταν βυθισμένο σε μια ζωώδη ύπαρξη, γίνεται ικανό να κυριαρχήσει στα ένστικτά του και να παραδοθεί στον ανώτερο εαυτό του, το αθάνατο πνεύμα που είναι προικισμένο με την ικανότητα να βλέπει μέσα από το σκοτάδι. Αυτός ο φωτισμένος πολεμιστής καταλαβαίνει, για πρώτη φορά, τον σκοπό της πανοπλίας και του σπαθιού του, που ήταν πάντα εκεί για να τον προστατεύουν. Τα χρησιμοποιεί για να σκοτώσει τον δράκο του ενστίκτου που τον έλεγχε τόσο καιρό.

Ωστόσο, αυτός ο δράκος δεν πεθαίνει ποτέ πραγματικά-επανεμφανίζεται με νέα χρώματα και αλλόκοτες μορφές. Αυτός ο δράκος είναι η ίδια η κοινωνία, διεφθαρμένη από τα κατώτερα ένστικτα. Κάθε ον που υποδουλώνεται από το ένστικτο και καθοδηγείται από το φόβο - είτε πρόκειται για το ένστικτο της επιβίωσης και το φόβο του θανάτου, είτε για την ανάγκη για ηδονή και το φόβο της μοναξιάς - είναι ένα διαβολικό θηρίο, ένας δαίμονας. Αυτή είναι η κόλαση που φοβόμαστε, αλλά μας περιβάλλει σε αυτόν τον πλανήτη που ονομάζουμε Γη.

Η αληθινή κατανόηση της πορείας του πνεύματός μας - ο σκοπός της ύπαρξής μας, που διαμορφώθηκε από αμέτρητες ζωές που οδήγησαν στην παρούσα στιγμή - αποκαλύπτεται στην αντανάκλαση της κοινωνίας, με τους μηχανισμούς επιβίωσης και τις ευκαιρίες της. Αυτή η κατανόηση οδηγεί στην αληθινή ευτυχία. Ωστόσο, αυτή η ευτυχία δεν είναι ποτέ πλήρης, γιατί το φυσικό σώμα υποφέρει, ο νους κρύβει φόβους και παραμένουμε ευάλωτοι στην προδοσία, τη ζημιά ή ακόμη και τη δολοφονία. Είναι επομένως μια μερική ευτυχία μέσα στη διαβολική κοινωνική δομή, μια άναρχη κατάσταση μέσα σε ένα δομημένο σύστημα, στην οποία βαδίζουμε το δικό μας δρόμο ως κοινωνικά στοιχεία. Αυτό μπορεί να συνεπάγεται να κάνουμε αυτό που οι άλλοι θεωρούν αδύνατο, να ζούμε με τρόπους που δεν καταλαβαίνουν ή να απορρίπτουμε συνήθειες που θεωρούν απαραίτητες.

Όταν φτάσουμε σε αυτή την κατάσταση, αναγνωρίζουμε την αξία μας μέσα στο σύστημα και μπορούμε εύκολα να το αλλάξουμε καθώς αποκτούμε νέες δεξιότητες και προσαρμόζουμε την προσωπικότητά μας, κατανοώντας τις επιπτώσεις στο περιβάλλον μας. Δεν φοβόμαστε πλέον να αλλάξουμε τη ζωή μας, τη χώρα μας, την κουλτούρα μας, τον τρόπο ζωής μας ή το επάγγελμά μας προκειμένου να συνεχίσουμε το ταξίδι μας, ούτε να χάσουμε τους συναισθηματικούς μας δεσμούς.

Η αθανασία της ψυχής μας και οι γνώσεις που έχουμε συσσωρεύσει εκδηλώνονται σε αυτές τις μεταβάσεις και τους μετασχηματισμούς, ιδίως μέσα από τις αλληλεπιδράσεις με τους ξένους. Ίσως αυτή να είναι η ταχύτερη οδός προς την αυτογνωσία, μέσω της επικοινωνίας με τους άλλους και του τρόπου με τον οποίο αντανακλούν την εσωτερική μας κατάσταση. Για παράδειγμα, συχνά υποθέτουμε ότι οι άνθρωποι δεν μας συμπαθούν επειδή δεν τους χαμογελάμε, αλλά οι περισσότεροι άνθρωποι είναι πολύ αδαείς και εγωκεντρικοί για να γνωρίζουν γιατί μισούν κάποιον. Είναι πολύ απορροφημένοι στον δικό τους εσωτερικό κόσμο για να κάνουν σωστές κρίσεις για τους άλλους. Οι σκέψεις τους δεν είναι τίποτα περισσότερο από αντανακλάσεις του υποσυνείδητού τους, γεμάτες από ανεπίλυτα τραύματα που θέλουν να αποφύγουν να επαναλάβουν. Έτσι, μεγάλο μέρος του μίσους στον κόσμο είναι μια εσωτερική προβολή φόβων και ανασφαλειών.

Κεφάλαιο 4: Μετασχηματισμός των προοπτικών

Οι περισσότεροι άνθρωποι φοβούνται για την επιβίωσή τους, γεγονός που τροφοδοτεί τις διακρίσεις, τον ρατσισμό και την ξενοφοβία. Άλλοι φοβούνται ότι αισθάνονται κατώτεροι ή μη ευφυείς, γεγονός που τους οδηγεί στο να προσβάλλουν και να προσβάλλουν όσους θεωρούν ότι απειλούν ή ότι είναι πιο ευφυείς από αυτούς. Ποτέ δεν συνειδητοποίησα πόση εχθρότητα έχουν οι άνθρωποι απέναντι στους συγγραφείς μέχρι που άρχισα να απαντώ ότι είμαι ένας από αυτούς όταν με ρωτούσαν για το επάγγελμά μου. Οι περισσότεροι άνθρωποι είναι ασυνείδητοι και βαθιά αδαείς, κατανοούν τον κόσμο μέσα από έναν πρακτικό φακό και ζουν με τον συνεχή φόβο ότι θα αποκαλυφθεί η βιτρίνα τους. Εστιάζουν στην άμεση λειτουργικότητα και απορρίπτουν οτιδήποτε δεν ταιριάζει στην κοσμοθεωρία τους.

Λίγοι ξεπερνούν αυτή τη νοοτροπία. Αυτό είναι εμφανές στον τρόπο με τον οποίο συστήνονται, ρωτώντας συχνά για τη δουλειά και το υπόβαθρο του άλλου, προκειμένου να σχηματίσουν αμέσως ένα στερεότυπο. Ολόκληρη η αλληλεπίδραση στη συνέχεια βασίζεται σε αυτές τις δύο ερωτήσεις, μια κοινή κατάσταση άγνοιας. Αυτό δίνει στον αδαή την ψευδαίσθηση ότι κατανοεί τον συνομιλητή του και αναγκάζει τον αποδέκτη του στερεοτύπου να συμμορφωθεί ή να διατρέξει τον κίνδυνο να φανεί λάθος, χαμένος και αδαής επειδή είναι διαφορετικός και έχει επίγνωση της μοναδικότητάς του.

Αυτός είναι ο λόγος για τον οποίο η ευαισθητοποίηση δεν μπορεί να διατηρηθεί ανάμεσα σε αδαείς ανθρώπους. Οι αδαείς άνθρωποι επιδιώκουν να ελέγχουν τους άλλους και το περιβάλλον για να μειώσουν το άγχος τους που προκαλείται από τις ανασφάλειες, οπότε δεν διακινδυνεύουν ποτέ να υπερβούν αυτά που γνωρίζουν. Οι συζητήσεις τους υποκινούνται από την εμμονή να ελέγχουν την επικοινωνία μέσω προκατασκευασμένων αντιλήψεων για το τι πρέπει να ρωτήσουν και πώς να απαντήσουν, προκειμένου να φανούν φυσιολογικοί. Μέσω της βασισμένης στο φόβο σκέψης και επικοινωνίας τους, παραμένουν ακριβώς εκεί που είναι, όσο κι αν ισχυρίζονται ότι θέλουν να αλλάξουν. Θα περάσουν δεκαετίες ή και μια ολόκληρη ζωή και θα τους βλέπετε ακριβώς εκεί που ήταν πάντα: να σκέφτονται, να ενεργούν και να εκφράζονται με τον ίδιο τρόπο. Στην πραγματικότητα, θα σας μιλούν σύμφωνα με την εικόνα που έχουν για εσάς, υποθέτοντας ότι δεν έχετε αλλάξει ποτέ, όπως ακριβώς και αυτοί.

Είχατε ποτέ την εμπειρία να μιλάτε με κάποιον που δεν σας βλέπει πραγματικά; Αν τα μέλη της οικογένειάς σας δεν αισθάνονται άβολα μαζί σας και, κυρίως, αν σας αγαπούν όπως ακριβώς είστε, τότε πρέπει να κάνετε κάτι λάθος στη ζωή σας, γιατί αυτό σημαίνει ότι δεν έχετε αλλάξει αρκετά ώστε να τους μπερδέψετε.

Δεν μπορούμε πάντα να παίρνουμε τις σωστές αποφάσεις, ειδικά όταν υπάρχει πίεση χρόνου. Ωστόσο, όσο περισσότερο ενσωματώνουμε τη γνώση και την αλήθεια στην προσωπικότητά μας, τόσο πιο φυσικές και σωστές γίνονται οι αποφάσεις μας, ακόμη και στις πιο δύσκολες στιγμές. Οι πολεμικοί καλλιτέχνες κατανοούν πολύ καλά αυτή την έννοια. Μαθαίνουν να αντιδρούν σε διάφορες καταστάσεις που σπάνια συμβαίνουν στην καθημερινή ζωή, και αυτή η επίγνωση του κινδύνου τους επιτρέπει να αποφεύγουν συγκρούσεις και να λαμβάνουν καλύτερες αποφάσεις σε άλλα πλαίσια. Το μεγαλύτερο όφελος από την εξάσκηση στις πολεμικές τέχνες είναι ο έλεγχος του φόβου, του συναισθήματος που τις περισσότερες φορές μας εμποδίζει να ενεργήσουμε σωστά στη ζωή και να εξερευνήσουμε νέα περιβάλλοντα.

Η εκμάθηση της ζωής προσφέρει αμέτρητες ευκαιρίες για την κατανόηση νέων προοπτικών ανά πάσα στιγμή. Αν σκεφτούμε ότι ο νους μας λειτουργεί προσαρμοζόμενος στα μοτίβα της πραγματικότητας που μπορεί να αναπαραστήσει, θα δούμε ότι η επίγνωση της αλήθειας περιορίζεται από τρεις μόνο παράγοντες:

- την έλλειψη γνώσης σχετικά με τα στοιχεία που επηρεάζουν τη ζωή μας,

- έλλειψη κατανόησης των αλληλεπιδράσεων μεταξύ αυτών των στοιχείων.

- λανθασμένη αφομοίωση των στοιχείων της πραγματικότητας που παρεμβαίνουν στην καθολική και διαχρονική δομή της ζωής.

Η μάθηση έχει παρόμοιο αποτέλεσμα σε κάθε μία από αυτές τις περιπτώσεις, καθώς αντιπροσωπεύει την αναγνώριση νέων πλαισίων της πραγματικότητας που επηρεάζουν τον τρόπο με τον οποίο παρατηρούμε, διαμορφώνουμε και αναδομούμε την ταυτότητά μας.

Η αίσθηση της ταυτότητάς μας συνδέεται στενά με την αντίληψη και την κατανόηση της πραγματικότητας. Ο τρόπος με τον οποίο βλέπουμε τους άλλους καθορίζει ποιοι είμαστε ως άνθρωποι και πώς σκεφτόμαστε για τον ρόλο μας στην κοινωνία. Αυτή η κατανόηση εξαλείφει σταδιακά το αίσθημα των άλυτων προβλημάτων, αν και δεν παύουν να υπάρχουν. Πρόκειται για μια λειτουργία που οδηγεί στην αποφόρτιση των αρνητικών ενεργειών καθαρίζοντας και ανανεώνοντας εκείνες που ήδη υπάρχουν μέσω της συνείδησης. Με άλλα λόγια, δεν πρόκειται τόσο για το τι συνέβη στο παρελθόν, αλλά για την κατανόηση του παρελθόντος και του τρόπου με τον οποίο επηρέασε την τρέχουσα πορεία της ζωής σας.

Το παρελθόν δεν μπορεί να αλλάξει, αλλά ο τρόπος που το αφομοιώνουμε για να χτίσουμε ένα καλύτερο μέλλον μπορεί. Είτε σας επιτέθηκαν άδικα, είτε σας προσέβαλαν, είτε χάσατε κάτι σημαντικό στη ζωή σας, είτε κάνατε λάθη που οδήγησαν τη ζωή σας σε νέα κατεύθυνση, αυτό που έχει σημασία τώρα είναι ο βαθμός στον οποίο μπορείτε να συνεχίσετε να υπάρχετε με την ίδια προσωπικότητα που είχατε πριν από αυτά τα γεγονότα. Αυτό που έχει πραγματικά σημασία είναι τα όνειρά σας, και μπορείτε πάντα να τα έχετε ξανά. Για όσους έχουν πίστη, δεν χρειάζεται τίποτε άλλο. Ωστόσο, όσοι έχουν τα πάντα και παρόλα αυτά δεν έχουν πίστη, δεν μπορούν να βοηθηθούν όταν πρέπει να πάρουν δύσκολες αποφάσεις, επειδή τα υπάρχοντα και οι συναισθηματικές τους προσκολλήσεις είναι το μόνο που έχουν και δεν μπορούν να αντεπεξέλθουν στις μεταμορφώσεις που επιβάλλει το πεπρωμένο.

Κεφάλαιο 5:
Οι μάσκες
της κοινωνικής
συμμόρφωσης

Κατά τη διάρκεια του Δεύτερου Παγκόσμιου Πολέμου, πολλοί άνθρωποι αρνήθηκαν να πιστέψουν τις ιστορίες για τις ναζιστικές θηριωδίες και δίστασαν να εγκαταλείψουν τα σπίτια τους και τα μέσα διαβίωσής τους. Ωστόσο, μια επίσκεψη σε ένα στρατόπεδο συγκέντρωσης στην Πολωνία -μια χώρα που εξακολουθεί να αντιμετωπίζει ρατσισμό- αποκαλύπτει τη σκληρή πραγματικότητα εκείνης της εποχής. Αυτή η αποσύνδεση μεταξύ του παρελθόντος και του παρόντος εξακολουθεί να υφίσταται, καθώς οι άνθρωποι συχνά αφηγούνται ιστορικά γεγονότα σαν να ήταν μακρινές αναμνήσεις, χωρίς να αναγνωρίζουν τη συνεχιζόμενη σημασία τους.

Κάποτε επισκέφθηκα μια χώρα της οποίας οι πολίτες συμπεριφέρονταν τόσο ανώμαλα που έμοιαζαν με εξωγήινους. Οι πράξεις τους ήταν τόσο ψυχωτικές που ολόκληρο το έθνος έμοιαζε με τρελοκομείο, με όλους να έχουν τις ίδιες αυταπάτες και να θεωρούν τη συμπεριφορά τους φυσιολογική. Είναι συναρπαστικό να παρατηρεί κανείς ότι οι επισκέπτες από άλλες χώρες συχνά αφομοίωναν αυτές τις συνήθειες και τις συγχωρούσαν, θεωρώντας τις ως πολιτιστικές νόρμες. Στην προθυμία τους να ενσωματωθούν, οι ξένοι αποδέχονται αυτά τα χαρακτηριστικά ως τυπικά, κανονικοποιώντας άθελά τους συμπεριφορές που θα έπρεπε να επικριθούν και να απορριφθούν.

Όταν άρχισα να αμφισβητώ αυτές τις συμπεριφορές, κατηγορήθηκα ως αρνητική, μη φιλική και ανίκανη να προσαρμοστώ στην τοπική κουλτούρα. Οι περισσότεροι άνθρωποι με έβλεπαν ως το πρόβλημα. Αλλά σε αυτό το σενάριο, ποιος έφταιγε πραγματικά: εγώ ή η κουλτούρα;

Αν είχα ακολουθήσει τυφλά το πλήθος, μπορεί να υπέθετα ότι εκείνοι είχαν δίκιο και εγώ άδικο. Αντ' αυτού, βυθίστηκα στην ιστορία της περιοχής. Ανακάλυψα ότι όταν οι Τεύτονες Ιππότες εισέβαλαν στην περιοχή το 1411, βρήκαν ανθρώπους που εξακολουθούσαν να κάνουν ανθρωποθυσίες. Ναι, μέχρι το 1411, αυτοί οι άνθρωποι έκαιγαν και κρεμούσαν τους ίδιους τους πολίτες τους για να τιμήσουν τους ειδωλολατρικούς θεούς. Επιπλέον, όταν οι Ναζί εισέβαλαν στην περιοχή το 1945, δεν χρειάστηκαν στρατόπεδα συγκέντρωσης επειδή οι πολίτες πρόδιδαν τους ίδιους τους γείτονές τους, ανθρώπους με τους οποίους ήταν φίλοι για χρόνια.

Έμαθα επίσης ότι αυτή η άκρως ξενοφοβική και ρατσιστική χώρα έχει ένα από τα υψηλότερα ποσοστά αυτοκτονιών στον κόσμο. Έτσι, σε μια κουλτούρα γεμάτη ανθρωποθυσίες, αυτοκτονίες και προκαταλήψεις, μου είπαν ότι έκανα λάθος. Να το θυμάστε αυτό την επόμενη φορά που μια μεγάλη ομάδα θα σας πει ότι κάνετε λάθος για κάτι - μερικές φορές ακόμη και εκατομμύρια άνθρωποι μπορούν να χάσουν το προφανές. Αυτό το παράδειγμα, που αναφέρεται στην επικράτεια της Λιθουανίας στην Ευρώπη, είναι μόνο ένα από τα πολλά σε όλο τον κόσμο.

Διάφορες ψυχολογικές μελέτες έχουν δείξει ότι οι περισσότεροι άνθρωποι τείνουν να αλλάζουν τη συμπεριφορά και τη σκέψη τους, καταφεύγοντας ακόμη και στην ανεντιμότητα, για να προσαρμόζονται στις ενέργειες των άλλων. Ως αποτέλεσμα, συχνά βρίσκεστε περιτριγυρισμένοι από ανθρώπους που λένε ανόητα πράγματα. Όσο περισσότερο σχετίζεστε με αυτούς τους ανθρώπους, τόσο περισσότερους παραλογισμούς θα συναντήσετε. Η μόνη βιώσιμη λύση είναι να επιτρέψετε σε αυτούς που πιστεύουν ότι έχουν δίκιο (και εσείς έχετε άδικο) να συνεχίσουν να υπάρχουν στον άνετο, απατηλό κόσμο τους, ενώ εσείς συνεχίζετε τη ζωή σας. Δεν θα μπορέσετε να αλλάξετε τα δισεκατομμύρια των ανθρώπων που συμπεριφέρονται με αυτόν τον τρόπο, ούτε εκείνους που γνωρίζετε και που ακολουθούν το πλήθος και βασίζουν τις απόψεις τους στην πλειοψηφία.

Πολλοί αποφεύγουν την κριτική σκέψη επειδή συνεπάγεται ευθύνη και την ελευθερία να έχουν τις δικές τους σκέψεις, κάτι που μπορεί να τους τρομάζει. Ως αποτέλεσμα, είναι ευκολότερο γι' αυτούς να εκλογικεύουν οποιοδήποτε γεγονός με βάση την πεποίθηση ότι η πλειοψηφία έχει πάντα δίκιο. Στην ουσία, η πλειοψηφία δεν σκέφτεται ανεξάρτητα, αλλά εκλογικεύει τις παρατηρήσεις με βάση την ηθική της ομάδας. Αυτή είναι η πηγή των αντιλήψεών τους για το σωστό και το λάθος. Συχνά, δεν έχετε να κάνετε με έναν πραγματικά συνειδητό άνθρωπο, αλλά με ένα ζωντανό ον που δεν έχει αφυπνισμένη ψυχή, ένα είδος «κινούμενου νεκρού». Έχω παρατηρήσει παρόμοια συμπεριφορά σε διάφορους πολιτισμούς και θρησκείες, γεγονός που με βοήθησε να κατανοήσω τους περιορισμούς των προοπτικών των ανθρώπων.

Δεν μπορείτε να αλλάξετε τους αδαείς, αλλά μπορείτε να μάθετε από αυτούς. Για παράδειγμα, μπορεί να συνειδητοποιήσετε ότι οι περισσότεροι άνθρωποι είναι απελπισμένοι- προσκολλώνται στις σκέψεις τους σε όλη τους τη ζωή, επειδή είναι ανθεκτικοί στην αλλαγή. Το να περνάτε χρόνο μαζί τους δεν είναι μόνο άσκοπο, αλλά και επιζήμιο για την αυτοπεποίθησή σας. Επιπλέον, πολλοί άνθρωποι που γνωρίζω, συμπεριλαμβανομένων μελών της οικογένειάς μου, ήταν θυμωμένοι μαζί μου επειδή πίστευαν ότι ο κόσμος που παρουσιάζεται στην τηλεόραση ήταν πιο αληθινός από την προσωπική μου εμπειρία. Ήταν πεπεισμένοι ότι είχαν δίκιο, επειδή είχαν δει, για παράδειγμα, μια ωριαία εκπομπή για τη Φινλανδία, και πίστευαν ότι εγώ, που είχα πάει εκεί και είχα διαφορετική άποψη, έκανα λάθος.

Το ίδιο πρόβλημα είχα και με τις απόψεις μου για την Κίνα, τις οποίες γνώριζαν μόνο από την τηλεόραση. Πίστευαν ότι εγώ, που ζούσα εκεί εκείνη την εποχή, έλεγα ψέματα για τα πάντα ή ότι δεν γνώριζα τη χώρα τόσο καλά όσο εκείνοι, επειδή είχαν μάθει τα πάντα από την τηλεόραση. Είναι εκπληκτικό και σχεδόν απίστευτο το πόσο αδαείς μπορούν να είναι οι άνθρωποι. Αλλά μετά συνειδητοποιείς ότι δεν περιβάλλεσαι από άτομα ικανά για ουσιαστική συζήτηση, αλλά από ανθρώπους που ακολουθούν το πλήθος χωρίς να σκέφτονται.

Η συντριπτική πλειοψηφία των ανθρώπων βρίσκεται σε μια πραγματικά αξιοθρήνητη κατάσταση του μυαλού. Ωστόσο, ο κόσμος των αδαών δεν είναι ο ίδιος με τον κόσμο των επιτυχημένων. Πρέπει να μάθετε να αντιμετωπίζετε την απογοήτευση, την προδοσία, τα ψέματα, τη χειραγώγηση και την εγκατάλειψη από εκείνους που πραγματικά πιστεύουν ότι έχουν δίκιο και θεωρούν τους εαυτούς τους σπουδαίους και θετικούς.

Κεφάλαιο 6: Η νοοτροπία της αγέλης

Το μυαλό των πραγματικά αδαών είναι συνήθως γεμάτο από παραληρηματικές ιδέες για τον εαυτό τους. Γι' αυτούς, όποιος αμφισβητεί τις πεποιθήσεις τους θεωρείται τρελός. Είναι αποφασισμένοι να εμποδίσουν τους άλλους να επιτύχουν με τρόπους που διαφέρουν από τους δικούς τους, επειδή μια τέτοια επιτυχία θα αναδείκνυε τις δικές τους αποτυχίες. Βλέπουν τον κόσμο ως έναν ανταγωνισμό στον οποίο δεν υπάρχει σχεδόν κανένα περιθώριο για την ιδέα να κάνει κανείς κάτι διαφορετικό. Οι σκέψεις τους διαμορφώνονται από αυτό που θεωρούν σωστό ή λάθος για την πλειοψηφία.

Αν πετύχετε κάτι που οι άλλοι θεωρούν αδύνατο, θα βρουν λόγους να απαξιώσουν τα επιτεύγματά σας. Μπορεί να ισχυριστούν ότι εξαπατήσατε, ότι κλέψατε τις γνώσεις τους ή ότι απλώς σταθήκατε τυχεροί και δεν αξίζετε την επιτυχία σας. Δεν θα αναγνωρίσουν ποτέ τις ώρες που δουλέψατε ή τα βιβλία που διαβάσατε, επειδή αυτά τα γεγονότα δεν ταιριάζουν στην κοσμοθεωρία τους.

Γενικά, αυτοί οι άνθρωποι πιστεύουν ότι όλοι οι πλούσιοι άνθρωποι έχουν κλέψει, εξαπατήσει ή απλά στάθηκαν τυχεροί. Αυτός είναι ο νοητικός τους κόσμος. Πολλοί άνθρωποι που συναντώ σε όλο τον κόσμο υποθέτουν ότι κλέβω πληροφορίες για τα βιβλία μου ή ότι επωφελούμαι από κάτι παράνομο, ενώ άλλοι πιστεύουν ότι είμαι τυχερός που μπορώ να γράφω και να ζω από αυτό. Πιστεύουν ότι οι γνώσεις μου είναι εύκολα προσβάσιμες και ότι μπορώ να γίνω πλούσιος απλά και μόνο με το να μοιράζομαι τις σκέψεις μου. Δεν καταλαβαίνουν τη διάκριση μεταξύ του τι είναι πραγματικό και τι φαντασία, τι είναι πρακτική γνώση και τι άχρηστη γνώμη ή τι απαιτεί μελέτη και τι μπορεί να εκφραστεί μόνο ως προσωπική γνώμη. Δεν έχουν επίγνωση της πνευματικής προσπάθειας που συνεπάγεται η αποτελεσματική σκέψη και η ανάλυση των πληροφοριών. Δεν διαθέτουν τα απαραίτητα εργαλεία και αγνοούν την ύπαρξή τους. Πιστεύουν πραγματικά ότι κάποιος σαν κι εμένα μπορεί να γράψει σκουπίδια και να τα πουλήσει στους αναγνώστες. Αυτός είναι ο κόσμος στον οποίο ζουν.

Για πολλούς, αυτός ο κόσμος είναι τόσο πραγματικός που αρνούνται να πιστέψουν αυτά που γράφω, ακόμη και αν αγοράζουν τα βιβλία μου. Είναι αποκαρδιωτικό να γίνεσαι μάρτυρας τέτοιας άγνοιας, αλλά αυτή είναι η πραγματικότητα του να ζεις σε έναν κόσμο όπου οι άνθρωποι είναι τυφλοί και παραμένουν στο σκοτάδι όλη τους τη ζωή. Έχω συναντήσει πολλούς ανθρώπους που έχουν περάσει τη ζωή τους αναζητώντας απαντήσεις, αλλά αρνούνται να διαβάσουν τις λύσεις που προσφέρονται στα βιβλία μου. Θεωρούν τους εαυτούς τους πιο έξυπνους από εμένα και συνεχίζουν να αναζητούν απαντήσεις σε λάθος μέρη.

Είναι ενδιαφέρον να παρατηρήσω ότι κρίνουν τη γνώση και τη νοημοσύνη με βάση την εμφάνιση και επικυρώνουν μόνο τις πληροφορίες που ταιριάζουν στα στερεότυπά τους. Αυτό δεν θα ήταν μια τόσο κραυγαλέα επίδειξη άγνοιας, αν δεν έκαναν λάθος για τους μέντορες που έχουν επιλέξει και την ικανότητά τους να τους κατανοήσουν. Όπως υποδηλώνουν πολλά αρχαία θρησκευτικά κείμενα, ο Θεός κρατά τους αλαζόνες τυφλούς, ώστε να μη δουν ποτέ τα μυστικά που δεν τους αξίζουν.

Οι αλαζόνες τυφλώνονται εντελώς από τον επιφανειακό κόσμο που τους παρουσιάζεται. Αυτή η κοσμοθεωρία ενισχύεται καθημερινά μέσω των παρατηρήσεων και των συνηθειών τους. Δεν μπορούν να αλλάξουν- έχουν μετατραπεί σε πέτρα, σαν να έχουν υπνωτιστεί από τη Μέδουσα του απατηλού κόσμου. Είναι νοητικά στάσιμοι και οι εκλογικεύσεις τους είναι απλά υποπροϊόντα της νοητικής τους κατάστασης, σαν να φαντάζονται μόνο ότι σκέφτονται. Με την πάροδο του χρόνου, η απροθυμία τους να σκέφτονται γίνεται μειονέκτημα, καθώς χάνουν την ικανότητα να διακρίνουν και να βλέπουν πέρα από τις δικές τους πεποιθήσεις. Παγιδεύονται στη δική τους κοσμοθεωρία, καταδικασμένοι σε αποτυχία. Η αποτυχία γίνεται ο κανόνας.

Η συντριπτική πλειοψηφία των ανθρώπων πιστεύει ότι σκέφτεται, αλλά δεν σκέφτεται. Όταν έρχονται αντιμέτωποι με την άγνοιά τους, συχνά προσβάλλονται. Αυτό συμβαίνει επειδή είναι τόσο πεπεισμένοι για τα ψέματα που τους περιβάλλουν που δεν αντέχουν να τους πουν ότι κάνουν εντελώς λάθος. Η πιο αποτελεσματική φυλακή είναι η πεποίθηση ότι είστε ελεύθεροι, ενώ στην πραγματικότητα είστε αιχμάλωτοι των ίδιων σας των φόβων και των σκέψεών σας. Δεδομένου ότι οι περισσότεροι άνθρωποι δεν σκέφτονται πραγματικά, αλλά μόνο εκλογικεύουν αυτό που η αγέλη θεωρεί σωστό, οι φόβοι τους αντανακλούν αυτούς της αγέλης. Φοβούνται έναν λύκο που δεν έχουν δει ποτέ και εμπιστεύονται τους βοσκούς που τους εκμεταλλεύονται: ηγέτες, πολιτικούς, ιερείς κ.λπ.

Μπορούμε να παρατηρήσουμε σαφείς διαφορές στους ανθρώπους μέσα από το στυλ επικοινωνίας τους. Ένα άτομο μπορεί να αντιλαμβάνεται τον εαυτό του ως αντικοινωνικό ή να αντιμετωπίζει δυσκολίες επικοινωνίας εξαιτίας της συμπεριφοράς των άλλων απέναντί του και των κατηγοριών που αντιμετωπίζει ως αποτέλεσμα των απογοητεύσεων που συσσωρεύονται στις αλληλεπιδράσεις τους. Κάθε φορά που κάποιος σκέφτεται διαφορετικά από την πλειοψηφία, η πλειοψηφία, με τη νοοτροπία της αγέλης, υποθέτει ότι η μειονότητα κάνει λάθος και προσπαθεί με διάφορους τρόπους να τον επαναφέρει στην ομάδα.

Κεφάλαιο 7: Η δυναμική της συμμόρφωσης

Όταν οι άνθρωποι προσπαθούν να αλλάξουν τον τρόπο σκέψης μου και δεν τα καταφέρνουν, συχνά αισθάνονται άβολα και προσβεβλημένοι. Νομίζουν ότι κάνουν μια θετική προσπάθεια, ενώ με χαρακτηρίζουν αντικοινωνικό. Σπάνια σκέφτονται ότι μπορεί να παραβιάζουν την ταυτότητά μου ή να υποτιμούν τις αναλύσεις μου. Επειδή αναλύω τα πράγματα διαφορετικά, θεωρούν ότι κάνω λάθος επειδή δεν συμφωνώ με την πλειοψηφία. Συμφωνώντας με την πλειοψηφία και εκλογικεύοντας τις απόψεις τους, τους κάνει να εκτιμούν αυτές τις δικαιολογίες πάνω από τις αναλύσεις μου.

Αυτό το σενάριο αντανακλά διάφορες μελέτες σχετικά με την ψυχολογία της πίεσης των συνομηλίκων, στις οποίες έχει αποδειχθεί ότι τα άτομα αλλάζουν τις απόψεις τους για να ταιριάζουν με την άποψη της ομάδας, ακόμη και όταν γνωρίζουν ότι κάνουν λάθος. Για παράδειγμα, αν μια ομάδα επιμένει ότι κάτι πραγματικό δεν είναι αληθινό, ένα άτομο, παρά τη διαφωνία του, αισθάνεται υποχρεωμένο να συμμορφωθεί με την ομάδα. Αν ένα νέο μέλος διαφωνεί, το άτομο από την προηγούμενη κατάσταση θα πείσει το νεοεισερχόμενο να υιοθετήσει τη συμπεριφορά της ομάδας, παρόλο που γνωρίζει ότι ήταν λάθος.

Διάφορα πειράματα έχουν δείξει πόσο εύκολα μπορούν να χειραγωγηθούν οι άνθρωποι. Είναι ενδιαφέρον να σημειωθεί ότι εκείνοι που θεωρούν τον εαυτό τους πιο έξυπνο από τους άλλους τείνουν να είναι οι πιο εύκολα χειραγωγήσιμοι, ακριβώς επειδή αισθάνονται μεγαλύτερη πίεση να είναι «καλό παιδί». Επιδιώκουν την έγκριση των άλλων και, ως εκ τούτου, συμμορφώνονται με ό,τι τους φαίνεται σωστό προκειμένου να επιτύχουν αυτόν τον στόχο. Όταν τυραννικές κυβερνήσεις και οργανώσεις συνειδητοποίησαν πόσο εύκολο ήταν να αλλάξουν τη συμπεριφορά της πλειοψηφίας συνδέοντας την ιδέα του «καλού παιδιού» με την επιθυμητή συμπεριφορά, προκλήθηκαν εύκολα επαναστάσεις και αναδύθηκαν ιδεολογίες όπως ο κομμουνισμός. Σήμερα, σε χώρες όπως η Κίνα, γινόμαστε μάρτυρες της δύναμης αυτού του παράγοντα. Η κινεζική κυβέρνηση έχει καθιερώσει ένα σύστημα πόντων για τον πληθυσμό, στο οποίο «καλός πολίτης» είναι αυτός που συγκεντρώνει τους περισσότερους πόντους, γεγονός που ενσταλάζει τον φόβο του «διαφορετικού» και αυξάνει την καταπίεση που ήδη υφίστανται.

Είναι πολύ εύκολο να ελέγξεις έναν πληθυσμό που φοβάται να σκεφτεί διαφορετικά. Επηρεασμένοι από τα μέσα ενημέρωσης και την επιθυμία για κοινωνική αποδοχή, οι άνθρωποι τείνουν να κρίνουν την πραγματικότητα με βάση τα φαινόμενα και να αποδέχονται αυτή την πραγματικότητα ως αληθινή. Όταν έρχονται αντιμέτωποι με μια πληθώρα επιλογών, δίνουν προτεραιότητα στις τάσεις και διαμορφώνουν ένα όραμα της πραγματικότητας σύμφωνα με την πλειοψηφία, δηλαδή τη λεγόμενη κοινωνική μάζα. Κατά συνέπεια, κάθε τι διαφορετικό αντιμετωπίζεται με προκατάληψη. Οι άνθρωποι κρίνουν αρνητικά ό,τι είναι διαφορετικό προκειμένου να μειώσουν το άγχος τους και να αποκλείσουν τη συμπεριφορά ή το άτομο που την επιδεικνύει.

Πριν αναλυθεί, το διαφορετικό προκαλεί μια αυτόματη και ενστικτώδη αντίδραση. Έτσι, η ψυχική φυλακή που δημιουργείται από τις πεποιθήσεις ενισχύεται στη συνέχεια από τον φόβο της διαφορετικότητας. Όσο περισσότερο φόβο συσσωρεύει ένα άτομο, τόσο περισσότερο μειώνεται η ικανότητά του να σκέφτεται, σε σημείο που να καθίσταται πρακτικά ανίκανο να εκτελέσει ακόμη και στοιχειώδεις εργασίες ορθολογικά. Ο κόσμος τους εξαντλείται σε μια ρουτίνα συνηθειών: φαγητό, εργασία, ύπνος και περίπατος στον κήπο κοντά στο σπίτι τα Σαββατοκύριακα. Είναι μια ζωή που δεν διαφέρει από εκείνη των κατοικίδιων ζώων τους, γεγονός που ίσως εξηγεί γιατί βλέπουν τόσο πολύ τον εαυτό τους σε αυτά.

Σκεφτείτε ένα άτομο που παρακολουθεί μαθήματα επικοινωνίας και μαθαίνει όλα τα στοιχεία της αποτελεσματικής επικοινωνίας. Με αυτές τις γνώσεις, βγάζουν συμπεράσματα μέσω συγκριτικής ανάλυσης και συμπερασμού. Καταλαβαίνουν ότι εκείνοι που κατηγορούν για άγνοια μοιράζονται τα ίδια συγκυριακά χαρακτηριστικά, δηλαδή υποθέσεις που δεν είναι απαραίτητα συγκεκριμένες αλήθειες, αλλά αντιληπτές αλήθειες. Αυτή η συνειδητοποίηση μεταμορφώνει τα άτομα, καθώς αρχίζουν να κατανοούν ποιοι είναι ή ποιοι θέλουν να είναι στο κοινωνικό τους πλαίσιο. Συνειδητοποιούν ότι πολλά από αυτά που αντιλαμβάνονται οι άλλοι φιλτράρονται μέσα από συστήματα προκαταλήψεων.

Οι άνθρωποι αναλύουν το παρόν με βάση το παρελθόν τους και αργούν να υιοθετήσουν νέους τρόπους σκέψης επειδή φοβούνται ότι είναι διαφορετικοί. Σε αυτό το επίπεδο ερμηνείας, η επικοινωνία δεν μπορεί να πραγματοποιηθεί χωρίς σύγκρουση συμφερόντων. Για το λόγο αυτό, οι άνθρωποι που διαβάζουν πολύ συχνά δυσκολεύονται να επικοινωνήσουν με τους αδαείς. Οι αδαείς άνθρωποι τείνουν να εκλογικεύουν με βάση αυτό που πιστεύουν ότι είναι αληθινό. Ωστόσο, συχνά οι πιο αδαείς άνθρωποι φαίνεται να είναι επιτυχημένοι στις επιχειρήσεις. Ζουν μέσα σε μια αλήθεια που τους βολεύει, αλλά μέσα τους αισθάνονται δυστυχισμένοι. Τελικά, όλα εξαρτώνται από τις αξίες του καθενός.

Κεφάλαιο 8:
Η πολυπλοκότητα των ηθικών προτύπων

Ένα άτομο με υψηλά ηθικά πρότυπα συχνά δυσκολεύεται να προσαρμοστεί σε έναν τρόπο ζωής που δίνει προτεραιότητα στο οικονομικό κέρδος έναντι της προσωπικής ευτυχίας. Αυτή η εξέλιξη συνοδεύεται συνήθως από γελοιοποίηση, εξοστρακισμό και διακρίσεις. Μεγάλο μέρος των ενοχών που νιώθουμε συνδέεται με το φόβο: το φόβο της απόρριψης, το φόβο της απώλειας και το φόβο της αντίθεσης από την οικογένεια ή τους φίλους. Η ενοχή είναι ένα τόσο ισχυρό, φοβικό συναίσθημα που πολλοί άνθρωποι το χρησιμοποιούν για να μας εμποδίσουν να αλλάξουμε, με φράσεις όπως «Σκέψου τα παιδιά σου» ή «Πώς μπορείς να απογοητεύσεις τους γονείς σου;». Πολλοί επίσης εσωτερικεύουν αυτή την ενοχή, εμπλεκόμενοι σε εσωτερικούς διαλόγους όπως «Πρέπει να σκεφτώ τα παιδιά μου» ή «Δεν μπορώ να απογοητεύσω τους γονείς μου».

Η ενοχή μπορεί να γίνει ένα αδιαπέραστο εμπόδιο στην επιτυχία. Πολλοί άνθρωποι δεν εξετάζουν εναλλακτικές λύσεις μέχρι να εξαντλήσουν όλες τις δυνατότητες, όπως το να αφήσουν τα παιδιά τους με μέλη της οικογένειας για ένα ή δύο χρόνια, ώστε να εξασφαλίσουν καλύτερες συνθήκες διαβίωσης και οικονομική στήριξη στους γονείς τους. Οι περισσότεροι άνθρωποι δεν σκέφτονται μακροπρόθεσμα και χάνουν πολλά χρόνια από τη ζωή τους. Ωστόσο, οι πιο σημαντικές αλλαγές χρειάζονται πάντα χρόνο και ενέχουν υψηλούς κινδύνους που δεν μπορούν να ξεπεραστούν με την προσκόλληση σε υπερβολικά πολλά συναισθηματικά δεσμά.

Σκεφτείτε τις συναισθηματικές σας προσκολλήσεις σαν αντικείμενα σε μια βάρκα: αν είναι πάρα πολλές, η βάρκα βυθίζεται. Όταν υπάρχουν ισχυρά κύματα, αν η βάρκα δεν μπορεί να επιπλεύσει εύκολα, αυτά τα αντικείμενα μπορεί να προκαλέσουν τη βύθισή της. Το ίδιο συμβαίνει και στη ζωή μας, αν και δεν θέλουμε να εξισώνουμε τους ανθρώπους που αγαπάμε με αντικείμενα. Για παράδειγμα, για ένα μεγάλο μέρος της ζωής μου, έπρεπε να αφήσω πίσω μου φίλους προκειμένου να πετύχω τους στόχους μου. Πάντα ήλπιζα ότι αυτοί οι φίλοι δεν θα με ξεχνούσαν, αλλά συχνά το έκαναν. Αυτή η εμπειρία με δίδαξε ότι κανείς δεν είναι πραγματικά φίλος κανενός. Η συντριπτική πλειονότητα των ανθρώπων είναι φίλοι μόνο με τον εαυτό τους. Αυτό που τους προσφέρετε μέσω της φιλίας ισχύει μόνο με την παρουσία σας. Αυτό δεν συμβαίνει πάντα, αλλά συνήθως συμβαίνει.

Σχεδόν σε κάθε περίπτωση που άνθρωποι που είχα να δω για πολλά χρόνια ήθελαν να μου μιλήσουν, ήταν επειδή ήθελαν κάτι -μια δουλειά, μια επαγγελματική ευκαιρία, κάτι που είχαν ανάγκη- και όχι επειδή ένιωθαν μια πραγματική σύνδεση. Αυτή η σύνδεση συνέβη ίσως με δέκα ανθρώπους από τους περισσότερους από 10.000 που συνάντησα σε 15 χρόνια. Είναι πολύ εύκολο για μένα να κάνω φίλους. Οι άνθρωποι πάντα εκπλήσσονται με το πόσο γρήγορα κάνω φίλους σε οποιαδήποτε χώρα. Ωστόσο, ανάμεσα σε αυτές τις πολλές φιλίες, μπορεί να υπάρχει ένας ή κανένας με τον οποίο να συνεχίσω να επικοινωνώ. Οι περισσότεροι άνθρωποι δεν ενστερνίζονται κανέναν. Η αντίληψή τους για τη φιλία βασίζεται στο εγώ: «Τι μπορούν να κάνουν οι άλλοι για μένα;».

Μπορούμε να το παρατηρήσουμε αυτό σε ομάδες ανθρώπων. Ο πιο καλοντυμένος άντρας και η πιο όμορφη γυναίκα περιτριγυρίζονται πάντα από ανθρώπους που θέλουν σεξ και χρήματα. Δυστυχώς, με ελάχιστες εξαιρέσεις, αυτοί είναι όλοι οι άνθρωποι της ομάδας. Ωστόσο, οι άνθρωποι με τους οποίους κανείς δεν θέλει να μιλήσει είναι συνήθως οι πιο ενδιαφέροντες, και οι περισσότεροι άνθρωποι δεν μπορούν να το δουν αυτό. Κάθε φορά που επικοινωνώ με κάποιον που περιφρονούν οι άλλοι, υποθέτουν ότι θέλω κάτι από αυτούς. Αν πρόκειται για γυναίκα, φαντάζονται ότι πρόκειται για σεξ. Αν είναι άντρας, φαντάζονται ότι έχει να κάνει με τη δουλειά.

Οι περισσότεροι άνθρωποι έχουν μια πολύ περιορισμένη άποψη για τον κόσμο εξαιτίας του εγωισμού τους. Όσο πιο εγωκεντρικοί είναι, τόσο πιο περιορισμένη θα είναι η άποψή τους για τον κόσμο. Αυτό οφείλεται στην ανάγκη για επιβίωση. Όσο περισσότερο πιστεύουν ότι απειλείται η επιβίωσή τους, τόσο περισσότερο συμπεριφέρονται με αυτόν τον τρόπο. Με άλλα λόγια, οι στενόμυαλοι και κοντόφθαλμοι άνθρωποι τείνουν να είναι περισσότερο εγωκεντρικοί.

Θα μπορούσαμε να το ονομάσουμε υλισμό, αλλά στην πραγματικότητα πρόκειται απλώς για μια εμμονή με την επιβίωση. Αυτοί που δεν έχουν τίποτα θεωρούν πάντα ότι είναι φτωχοί. Γι' αυτό πολλοί άνθρωποι μπερδεύονται όταν συνειδητοποιούν ότι δεν έχω πολλά υπάρχοντα. Η ζωή μου είναι πολύ απλή, επειδή πάντα δωρίζω ρούχα και άλλα αντικείμενα για να την διατηρήσω έτσι. Αυτό τρομάζει τους ανθρώπους, γιατί δημιουργεί μια διάσταση στον εγκέφαλό τους ανάμεσα σε δύο στοιχεία που νόμιζαν ότι ήταν συνδεδεμένα.

Πολλοί άνθρωποι δεν κατανοούν τον σκοπό του πλούτου. Δεν έχει να κάνει με το να τρως περισσότερο, να αγοράζεις περισσότερα αυτοκίνητα και ρολόγια ή να επιδεικνύεις φωτογραφίες από ταξίδια σε εξωτικά μέρη. Ο πιο πολύτιμος σκοπός του πλούτου είναι η ελευθερία. Η ελευθερία είναι άυλη, είναι η δύναμη να κάνεις ό,τι θέλεις, όποτε θέλεις. Αυτή η έννοια είναι τόσο ξένη για τους περισσότερους ανθρώπους που συχνά δεν καταλαβαίνουν την απάντησή μου όταν με ρωτούν: «Πόσο καιρό σκοπεύετε να μείνετε σε αυτή την πόλη;». Κανένας από τους δεκάδες ανθρώπους που έχω συναντήσει σε όλες τις πόλεις που έχω επισκεφθεί δεν έχει καταλάβει την απάντηση «επειδή το θέλω». Αντιδρούν πάντα σαν να λέω ψέματα και να κρύβω την αλήθεια. Δεν μπορούν να καταλάβουν ότι υπάρχει ένα άτομο που μπορεί να μπαίνει και να βγαίνει από μια χώρα όποτε θέλει, χωρίς κανένα σχέδιο. Αυτή η ιδέα είναι εντελώς ξένη προς την κοσμοθεωρία τους, επειδή συνεπάγεται ένα επίπεδο ελευθερίας που δεν έχουν δει, ακούσει ή θεωρήσει ποτέ δυνατό.

Πολλοί άνθρωποι που γνωρίζω σε όλο τον κόσμο δεν είναι εξοικειωμένοι με την έννοια του να κερδίζουν χρήματα ενώ κοιμούνται. Υποθέτουν ότι όλα τα χρήματα κερδίζονται με εργασία, ότι χρειάζεται χρόνος για να συσσωρευτεί πλούτος και ότι πρέπει να αποκτηθεί παραμένοντας σε ένα μέρος. Αν κάποιος δεν ακολουθήσει αυτό το μονοπάτι, υποψιάζονται εγκληματική δραστηριότητα. Κάποιοι άνθρωποι είναι τόσο δύσπιστοι που νομίζουν ότι είμαι εγκληματίας. Αρνούνται να πιστέψουν ότι οι γνώσεις μου είναι αποτέλεσμα μιας εκπαίδευσης που δεν επέλεξαν οι ίδιοι. Γι' αυτό λέω συχνά ότι η άγνοια είναι επιλογή. Αισθάνομαι δικαιολογημένα να αποκαλώ τους ανθρώπους στους οποίους αναφέρομαι στα βιβλία μου ηλίθιους, ανόητους και ηλίθιους, επειδή αυτό που μου πήρε περισσότερα από 20 χρόνια για να καταλάβω, μέσα από εκατοντάδες βιβλία και μελέτες, καθώς και προσωπική εμπειρία, συνοψίζεται στα γραπτά μου, και όμως αυτοί οι άνθρωποι αρνούνται να τα διαβάσουν, νομίζοντας ότι είναι ήδη σοφοί. Αυτή η αλαζονεία, σε συνδυασμό με την άγνοια, είναι η επιτομή της βλακείας. Όταν λέω σε κάποιον ότι έχω τεκμηριώσει όλα όσα γνωρίζω και αυτός επιλέγει να μην τα διαβάσει, είναι πολύ τυφλός για να δει το προφανές.

Κεφάλαιο 9: Ο φόβος της αλλαγής

Η λύση στην άγνοια της πλειοψηφίας, ακόμη και των φτωχότερων, βρίσκεται συνήθως μόνο ένα βιβλίο μακριά. Αντιλαμβάνομαι ότι η εύρεση του σωστού βιβλίου μπορεί να είναι πρόκληση, αλλά όλοι μας χρειάστηκε να διαβάσουμε πολλά λάθος βιβλία για να ανακαλύψουμε τα σωστά. Οι άνθρωποι που διαβάζουν μόνο μπεστ σέλερ και βιβλία που τους συνιστούν φίλοι εξακολουθούν να μην το συνειδητοποιούν αυτό, καθώς προσπαθούν να αποφύγουν τα λάθη καταναλώνοντας δημοφιλή έργα. Τα πιο δημοφιλή βιβλία συνήθως αντικατοπτρίζουν την κοινή λογική.

Σπάνια θα βρείτε ένα πραγματικά διορατικό βιβλίο στα ράφια των μπεστ σέλερ, επειδή αυτά τα βιβλία δεν γίνονται αποδεκτά από την πλειοψηφία. Οι περισσότεροι άνθρωποι αναζητούν βιβλία που ενισχύουν τον εγωισμό τους, όχι εκείνα που τον αμφισβητούν, τον αμφισβητούν ή τον καταρρίπτουν. Έτσι, όταν κάποιος μου λέει ότι διαβάζει πολύ, αλλά μόνο διάσημους συγγραφείς, ξέρω ότι δεν θα προοδεύσει ποτέ στη ζωή του. Φοβούνται να κάνουν λάθη και να αντιμετωπίσουν το εγώ τους. Αυτή είναι η μοίρα αυτών των ανθρώπων. Διαβάζουν πολύ, αλλά είναι σαν να μην ξέρουν τίποτα. Το παρατηρώ στις συζητήσεις τους. Έχουν γνώσεις, αλλά όχι πρακτικές δεξιότητες.

Αυτό το πρόβλημα είναι ευρέως διαδεδομένο στα πανεπιστήμια, όπου διδάσκονται τεράστιες γνώσεις χωρίς πρακτική εφαρμογή. Τα πανεπιστήμια ακολουθούν τις ίδιες αρχές της διανοητικοποίησης της γνώσης. Το ξέρω αυτό επειδή ήμουν καθηγητής πανεπιστημίου και γρήγορα κατάλαβα πώς λειτουργεί το σύστημα. Πολλοί πανεπιστημιακοί καθηγητές είναι υπερφορτωμένοι με ξεπερασμένες και άχρηστες γνώσεις, αλλά νομίζουν ότι είναι εξυπνότεροι από τους άλλους επειδή δεν έχουν κάνει ποτέ κάτι που να μην ανταποκρίνεται στα κοινωνικά πρότυπα. Μπερδεύουν την υποκριτική, βασισμένη σε εξετάσεις, υποκινούμενη από φόβο προσοχή που λαμβάνουν από τους φοιτητές με πραγματική αξία.

Ωστόσο, εγώ ακολουθούσα πάντα μια διαφορετική προσέγγιση, η οποία συχνά εκφόβιζε τους φοιτητές μου, οι οποίοι ρωτούσαν: «Τι υπάρχει στις εξετάσεις;» και «Γιατί συζητάτε τόσα πολλά διαφορετικά θέματα;». Τους έλεγα: «Όλα όσα λέω είναι ζωτικής σημασίας για την ύπαρξη. Το διαγώνισμα είναι απλώς μια στιγμή του. Αν με καταλάβετε σωστά, δεν χρειάζεται να μελετήσετε για το διαγώνισμα, γιατί θα συνειδητοποιήσετε πώς όλα όσα λέω εφαρμόζονται στην πραγματική ζωή. Στόχος μου είναι να πετύχετε στη ζωή, όχι μόνο στις εξετάσεις».

Πολύ λίγοι μαθητές το συνειδητοποίησαν αυτό. Οι περισσότεροι επικεντρώθηκαν στις εξετάσεις. Όπως αναφέρθηκε προηγουμένως, πολλοί άνθρωποι έχουν περιορισμένη άποψη της πραγματικότητας και χάνουν πολλές ευκαιρίες. Οι μαθητές που με έβλεπαν μόνο ως καθηγητή και δεν μπορούσαν να δουν τον άνθρωπο πίσω από το επάγγελμα έχαναν τον χρόνο τους. Δεν σπατάλησαν τον χρόνο μου επειδή πληρώθηκα, αλλά πολλά από αυτά που μοιράστηκα και αγνοήθηκαν βρίσκονται στα βιβλία μου. Δεν τα διαβάζουν επειδή δεν είναι πλέον μαθητές μου, και αυτό είναι μια άλλη μορφή άγνοιας: σπαταλούν την ευκαιρία να μάθουν από το ίδιο πρόσωπο για μια ολόκληρη ζωή.

Υπάρχουν άνθρωποι που καταλαβαίνουν την αλήθεια σε πέντε λεπτά, άλλοι που χρειάζονται πέντε χρόνια και άλλοι που χρειάζονται πενήντα χρόνια. Ωστόσο, η συνείδηση εξελίσσεται μόνο μέσα από τις επιλογές που δημιουργούν την αλλαγή, όχι μέσα από το χρόνο που χρειάζεται για να αλλάξει: τα βιβλία που διαβάζουμε, τις αποφάσεις που παίρνουμε, τα ταξίδια που κάνουμε, τους ανθρώπους που συναντάμε, τα ρίσκα που παίρνουμε και τις αλλαγές που εφαρμόζουμε. Χωρίς αυτές τις ενέργειες, τίποτα άλλο δεν έχει σημασία -ούτε καν τα προβλήματα που θεωρούμε σημαντικά- γιατί όλα μπορούν να αλλάξουν με μια μόνο επιλογή. Πίσω από τις πιο πολύτιμες επιλογές κρύβονται πραγματικά προβλήματα: ο φόβος να χάσουμε ανθρώπους, φίλους, οικογένεια κ.λπ. ο φόβος της αλλαγής ο φόβος της αποτυχίας η έλλειψη αυτοεκτίμησης ο φόβος να μείνουμε μόνοι ο φόβος να εμπιστευτούμε λάθος ανθρώπους ο φόβος της προδοσίας.

Επιπλέον, οι περισσότεροι από αυτούς τους φόβους συνδέονται με εμπειρίες του παρελθόντος και δεν επιμένουν πάντα για προφανή λόγο. Ένα παράδειγμα είναι ο φόβος της νέας αρχής. Αυτός ο φόβος είναι διαφορετικός για έναν 20χρονο, ο οποίος γνωρίζει ελάχιστα για τη ζωή, και για έναν 50χρονο, ο οποίος έχει ζήσει περισσότερο χρόνο και προσαρμόζεται καλύτερα σε νέες καταστάσεις και περιβάλλοντα. Ωστόσο, πολλοί άνθρωποι δεν βρίσκουν ποτέ απαντήσεις στα διλήμματά τους, ακόμη και στη ζωή, εξαιτίας της αδυναμίας τους να προσαρμοστούν. Η εύρεση των απαντήσεων που χρειάζονται, όμως, μπορεί να οδηγήσει σε ριζικές και μετασχηματιστικές αλλαγές στη ζωή τους, τις ίδιες αλλαγές που τους φοβίζουν.

Πολλοί άνθρωποι δεν βρίσκουν τις απαντήσεις που αναζητούν επειδή φοβούνται να τις βρουν. Για παράδειγμα, πολλοί άνθρωποι που έχω συναντήσει μου ζήτησαν να τους διδάξω πώς να δημιουργήσουν και να διευθύνουν μια διαδικτυακή επιχείρηση, αλλά στη συνέχεια έδωσαν ασήμαντες δικαιολογίες για να τα παρατήσουν, όπως «δεν ξέρω πώς να πληρώσω φόρους», «πρέπει πρώτα να καταχωρήσω την επιχείρηση» ή «θα προσπαθήσω να πάρω οικονομική βοήθεια από την κυβέρνηση». Οι δικαιολογίες για την εγκατάλειψη είναι πολλές, πολύ περισσότερες από αυτές που ανέφερα, διότι, όπως έχω παρατηρήσει, οι άνθρωποι είναι απίστευτα δημιουργικοί στην τέχνη της αποτυχίας. Γνωρίζουν πολλούς τρόπους για να αποτύχουν, αλλά σχεδόν κανέναν για να πετύχουν.

Κεφάλαιο 10:
Το τρίγωνο της επιτυχίας

Ο πιο συνηθισμένος τρόπος με τον οποίο οι άνθρωποι προετοιμάζουν τον εαυτό τους για αποτυχία είναι η τεμπελιά. Για παράδειγμα, κάποτε ζήτησα από κάποιον να συνεργαστεί μαζί μου πάνω σε παιδικά βιβλία. Της πήρε περισσότερους από τρεις μήνες για να δημιουργήσει μια και μόνο ιστορία. Το έργο τραβούσε σε μάκρος μέχρι που έχασε τη δουλειά της, και τότε χρησιμοποίησε την αναζήτηση εργασίας ως δικαιολογία για να σταματήσει να εργάζεται σε αυτό που της είχα ζητήσει να κάνει. Τρεις μήνες θα ήταν αρκετός χρόνος για να τελειώσει τουλάχιστον ένα βιβλίο. Ωστόσο, δεν έκανε απολύτως τίποτα άλλο από το να χάνει χρόνο. Δυστυχώς, αυτού του είδους η κατάσταση είναι πολύ συνηθισμένη. Οι άνθρωποι επινοούν ιστορίες για να αποσπάσουν την προσοχή τους και να μην κάνουν τίποτα. Στη συνέχεια, όταν περνούν μήνες και δεν έχει επιτευχθεί τίποτα, ισχυρίζονται ότι δεν μπορούν να συνεχίσουν επειδή δεν υπάρχουν κέρδη και κάποιο εξωτερικό γεγονός έχει αποσπάσει την προσοχή τους.

Φυσικά, δεν υπάρχουν κέρδη όταν δεν υπάρχει παραγωγικότητα και υποθέτετε ότι θα ζήσετε χίλια χρόνια, αγνοώντας το γεγονός ότι ο κόσμος κινείται πιο γρήγορα από εσάς. Θα έπρεπε να το συνειδητοποιήσουν αυτό αν επιλέξουν την τεμπελιά, αλλά η τεμπελιά ενισχύει την ιδέα της στασιμότητας, γι' αυτό και οι άνθρωποι τη βρίσκουν χαλαρωτική. Στην πραγματικότητα, φαίνεται ότι οι άνθρωποι έλκονται τόσο από την αποτυχία όσο και από την ευχαρίστηση και τη στασιμότητα. Η ψυχολογία ασχολείται με το συνειδητό και το υποσυνείδητο, αλλά η διάκριση δεν είναι τόσο σαφής όσο φαίνεται. Πολλοί άνθρωποι αποτυγχάνουν από τη στιγμή που παίρνουν μια συνειδητή απόφαση, επειδή ποτέ δεν πίστεψαν ότι θα πετύχουν. Αργότερα, οι ίδιοι άνθρωποι ισχυρίζονται ότι άνθρωποι σαν εμένα ήταν απλώς τυχεροί, γιατί είναι πιο εύκολο να το λες αυτό από το να αναλαμβάνεις την ευθύνη.

Φυσικά, αν δεν δουλεύετε ή δεν κάνετε τίποτα για μήνες, θα χρειαστείτε πολλή τύχη για να έχετε αποτελέσματα. Είναι επίσης αλήθεια ότι η τύχη είναι πιο πιθανή με 30 παιδικές ιστορίες παρά με μία μόνο. Οι άνθρωποι που λένε ότι είμαι πολύ τυχερός αγνοούν το γεγονός ότι έχω εκδώσει περισσότερα από 200 βιβλία σε πέντε γλώσσες, έχω δημιουργήσει περισσότερα από 600 τραγούδια και έχω ιδρύσει περισσότερες από δέκα εταιρείες. Αυτό σημαίνει περισσότερα από χίλια βιβλία και διάφορα προϊόντα σε λιγότερο από είκοσι χρόνια. Έχω επίσης εργαστεί ως σύμβουλος για διάφορες εταιρείες και σε διάφορα πανεπιστήμια, συχνά ταυτόχρονα. Δεν είμαι τυχερός - κάθε άλλο - αν αναλογιστεί κανείς τον τεράστιο όγκο της δουλειάς που έχω παράξει.

Σε ολόκληρο τον κύκλο της επιτυχίας υπάρχει πολύ περισσότερη δουλειά παρά τύχη, αλλά όσοι πιστεύουν στην τύχη δεν εκτιμούν τη δουλειά. Γι' αυτό λένε: «Είσαι τόσο τυχερός!» Πρέπει να πιστεύουν ότι έγραψα ένα βιβλίο βασισμένο σε μια προσωπική άποψη και την επανέλαβα εκατοντάδες φορές με διαφορετικές λέξεις. Η βλακεία σχετίζεται με την τεμπελιά, αλλά ακόμη και ένα άτομο που εργάζεται σκληρά θα μπορέσει να σταματήσει να είναι ηλίθιο. Αν είστε πραγματικά αδαής, αλλά διαβάζετε 100 σελίδες οποιουδήποτε βιβλίου την ημέρα, δεν θα παραμείνετε αδαής. Η δύναμη της συνείδησης υπερβαίνει τους περιορισμούς της υλικότητας και μπορεί να μεταμορφώσει αυτήν και εμάς ταυτόχρονα.

Στην τριγωνοποίηση μεταξύ της υλικότητας, της αυτοπραγμάτωσης και της συνείδησης εκδηλώνεται κάθε όνειρο και γίνεται δυνατή κάθε μεταμόρφωση. Τα συναισθήματα που νιώθουμε σε αυτή τη διαδικασία συνοδεύονται από ένα όραμα αληθινής ελευθερίας. Η ελευθερία που αναζητά κάθε ον εκδηλώνεται όταν ξεπερνάμε τις προκλήσεις της ζωής. Όσο περισσότερο εργαζόμαστε προς αυτή την κατεύθυνση, τόσο περισσότερο εμβαθύνουμε αυτή την αίσθηση της ολοκλήρωσης. Θα μπορούσαμε μάλιστα να πούμε ότι όσο πιο γρήγορα δουλεύουμε προς τους στόχους μας, τόσο πιο πιθανό είναι να τους πετύχουμε. Αυτή η επιμονή και η ταχύτητα έρχονται με κόστος το χρόνο, αλλά εδώ βρίσκουμε ένα άλλο τρίγωνο εκδήλωσης, που σχετίζεται με τη δράση. Η αποτελεσματική δράση που οδηγεί στην επιτυχία μεταφράζεται επομένως σε ένα τρίγωνο επιμονής, ταχύτητας και θυσίας.

Η επιμονή και η ταχύτητα είναι απλές έννοιες. Η θυσία, ωστόσο, συχνά παρεξηγείται, γι' αυτό και είναι απαραίτητο να εξηγήσουμε τη σχέση της με την ευχαρίστηση. Όταν η μέγιστη ευχαρίστηση επιτυγχάνεται μέσω της χρήσης ουσιών όπως το αλκοόλ, η ζάχαρη, ο καπνός και τα ανθυγιεινά τρόφιμα, η θυσία γίνεται εμφανής. Το επόμενο επίπεδο περιλαμβάνει τη θυσία του χρόνου, ιδίως του χρόνου που δαπανάται σε ευχάριστες δραστηριότητες όπως η παρακολούθηση τηλεόρασης, τα βιντεοπαιχνίδια και η κοινωνικοποίηση. Στη συνέχεια έρχεται η θυσία που συνδέεται με την επιμονή, την υπέρβαση της αμφιβολίας και των αρνητικών συναισθημάτων. Καθώς προχωράμε βαθύτερα, συναντάμε το φυσικό επίπεδο του πόνου, όπου εμφανίζονται σημάδια σωματικού, ψυχολογικού και συναισθηματικού πόνου. Εδώ αντιμετωπίζουμε τους εσωτερικούς μας δαίμονες, τις αναμνήσεις του παρελθόντος και, πάνω απ' όλα, τα τραύματα που ελπίζαμε να ξεχάσουμε. Ωστόσο, η απόλυτη θυσία είναι αυτή που νιώθουμε στο ίδιο μας το σώμα, όταν παλεύουμε ενάντια στους περιορισμούς που επιβάλλουν ο πόνος, η πείνα, η εξάντληση και η στέρηση ύπνου.

Αυτό δεν σημαίνει ότι οι θυσίες που υποφέρουμε δεν μπορούν να αντισταθμιστούν προκειμένου να αποφύγουμε τον πόνο. Σε αυτό το πλαίσιο, η θυσία εξηγείται ως η ανάγκη για περισσότερη πειθαρχία, επειδή μας κρατάει συγκεντρωμένους στους στόχους μας. Ένας οδηγός αγώνων αυτοκινήτου που δεν είναι συγκεντρωμένος δεν μπορεί να κερδίσει τον αγώνα, ένας ολυμπιονίκης που δεν είναι συγκεντρωμένος δεν μπορεί να κερδίσει το χρυσό μετάλλιο και ένας στρατιώτης που δεν είναι συγκεντρωμένος μπορεί να πεθάνει. Η συγκέντρωσή τους προέρχεται από χρόνια αφοσίωσης και συνεπούς πειθαρχίας.

Κεφάλαιο 11: Πειθαρχία και πνευματική ανάπτυξη

Ό ταν συζητάμε για την επιμονή και τα κίνητρα, συχνά παραβλέπουμε το γεγονός ότι δεν υπάρχουν χωρίς πειθαρχία, τόσο πνευματική όσο και σωματική. Αν πρόκειται να περάσουμε αμέτρητες ώρες μπροστά από τον υπολογιστή ή διαβάζοντας για να πετύχουμε τους στόχους μας, πρέπει να διατηρήσουμε το ίδιο επίπεδο πειθαρχίας μέσω της σωματικής δραστηριότητας. Είτε πρόκειται για ένα ομαδικό άθλημα είτε για ασκήσεις που μπορούμε να κάνουμε με μέτρο στο σπίτι, όσο περισσότερη πειθαρχία ενσωματώνουμε στη ζωή μας, τόσο πιο φυσικά ο εγκέφαλός μας θα συγκεντρώνεται στα καθήκοντα. Το άλμα με σχοινάκι στο σπίτι είναι ίσως η πιο εύκολη και αποτελεσματική άσκηση. Στόχος μου είναι να πηδάω τουλάχιστον 100 με 200 φορές την ημέρα, όσο πιο γρήγορα γίνεται, γιατί βοηθάει στο συντονισμό, την αντοχή, την πειθαρχία και τη σωματική και καρδιακή υγεία.

Μπορούμε να ξεπεράσουμε τα υπαρξιακά εμπόδια μέσω της πνευματικής προόδου και της σωματικής δραστηριότητας. Με άλλα λόγια, δεν ξεπερνάμε τις δυσκολίες απλώς παρατηρώντας τις ή μιλώντας με άλλους ανθρώπους, αλλά με το να συλλογιζόμαστε το μέλλον και να εργαζόμαστε επιμελώς για να πετύχουμε τους στόχους που έχουμε θέσει στον εαυτό μας. Η εμπειρία αλλάζει πάντα τη σχέση του ατόμου με την πραγματικότητα και, κατ' επέκταση, με τον εαυτό του. Ο τρόπος με τον οποίο αισθανόμαστε και ερμηνεύουμε τον κόσμο μεταβάλλεται σημαντικά από την εμπειρία. Έτσι, η γνώση που αποκτάται μέσω της μάθησης και της πειθαρχίας επιτρέπει ένα υψηλότερο επίπεδο επίγνωσης και σοφίας και, κατά συνέπεια, πνευματικής εξέλιξης. Αυτή η εξέλιξη δεν είναι μόνο εσωτερική· θα δείτε εκδηλώσεις της στον κόσμο γύρω σας. Στην πραγματικότητα, διευρύνοντας το μυαλό σας, η ικανότητά σας να βλέπετε ευκαιρίες που μπορούν να αλλάξουν το μέλλον σας θα γίνει πιο εμφανής. Βλέπουμε μόνο ό,τι είμαστε έτοιμοι να δούμε.

Η πνευματική εξέλιξη συμβαίνει κάθε φορά που ο νους αναπτύσσει τη συνείδησή του μέσω της αλληλεπίδρασης με τον φυσικό κόσμο, αλλά αυτή η αλληλεπίδραση επεκτείνεται μέσω της αποφασιστικότητας, της επιμονής, της πειθαρχίας και της γνώσης. Ωστόσο, επειδή τα ανθρώπινα όντα συνήθως διαμορφώνουν την προσωπικότητά τους με βάση το πώς κρίνονται από την πραγματικότητά τους, συχνά αποτυγχάνουν να δουν δυνατότητες για τον εαυτό τους πέρα από αυτό που παρουσιάζει ο κόσμος. Η ανεξαρτησία μας στην επιλογή αξιών και στη λήψη αποφάσεων επηρεάζεται έντονα από τις απόψεις της οικογένειας, του πολιτισμού και των κοινωνικών μας κύκλων. Αποκαλύπτεται επίσης στην αντίθεση των αντιθέτων, πράγμα που σημαίνει ότι καθημερινά μας παρουσιάζονται επιλογές που μπορούν να αλλάξουν τα γεγονότα των επόμενων ημερών.

Συνειδητοποιώντας την ψευδαίσθηση που παρουσιάζεται σε αυτή τη δυαδικότητα, θα μπορέσετε να υπερβείτε τις προκλήσεις σας. Θα δείτε ότι δεν είναι κακό να εναντιώνεστε στους άλλους ή να τους κάνετε να πιστέψουν ότι κάνετε λάθος. Θα σταματήσετε να κατηγορείτε τον εαυτό σας για την αδυναμία των άλλων να σας καταλάβουν, η οποία συνήθως εκδηλώνεται ως αυτοτιμωρία με τη μορφή δυσαρέσκειας. Στην πραγματικότητα, όταν φτάνουμε σε ένα υψηλότερο επίπεδο ηθικής, είναι επιθυμητό και αναμενόμενο η πλειοψηφία του πληθυσμού να μας περιφρονεί, να μας προσβάλλει και να μας αντιτίθεται, επειδή αποτελούμε αντίθεση με την κοσμοθεωρία τους και απειλή για τις κοσμοθεωρίες στις οποίες προσκολλώνται.

Αν και οι περισσότερες σκέψεις προέρχονται ουσιαστικά από επιλογές που συνδέονται με τη συμμόρφωση στην ομάδα, συνήθως επιβάλλονται υποσυνείδητα και γίνονται σαφείς όταν δεν μπορούν να ελεγχθούν υποσυνείδητα, οι συνειδητές συμπεριφορές είναι εκείνες που το άτομο αναγνωρίζει ως δικές του, ακόμη και αν έχουν αντιγραφεί από την ομάδα του. Αυτή η διαφοροποίηση συμβαίνει όταν το άτομο καταφέρνει να αντιταχθεί και να υπερβεί τις δικές του σκέψεις μέσα από αποφάσεις που έρχονται σε αντίθεση με τη διαίσθηση, τις πεποιθήσεις και τις συνήθειές του, επειδή αντιλαμβάνεται ότι τον περιμένει ένα καλύτερο αποτέλεσμα.

Από αυτή την άποψη, δεν μπορούμε να αναλύσουμε τα προβλήματα τόσο αποτελεσματικά όσο τα βλέπουμε στη σχεσιακή λογική, επειδή τα περισσότερα από τα προβλήματά μας σχετίζονται περισσότερο με την προσωπική αντίληψη παρά με την ίδια την πραγματικότητα. Πολλά προσωπικά προβλήματα μπορούν να εξαλειφθούν αυτόματα με μια αλλαγή προοπτικής ή συνειδητοποίησης. Αυτό είναι εμφανές όταν μετακομίζουμε από μια χώρα σε μια άλλη και διαπιστώνουμε ότι μια διαφορετική κουλτούρα αντιμετωπίζει παρόμοια ζητήματα. Ο κόσμος είναι τόσο διασυνδεδεμένος και οι περισσότεροι άνθρωποι είναι τόσο απρόθυμοι να αλλάξουν, ώστε μπορείτε να μάθετε πολλά για τον εαυτό σας απλά και μόνο αλλάζοντας το περιβάλλον σας.

Θα διαπιστώσετε επίσης συχνά ότι πολλές διαμορφωμένες και αποδεκτές απόψεις για τον κόσμο και την προσωπικότητά μας είναι συνήθως αποτέλεσμα των απόψεων ενός ή δύο ανθρώπων, συνήθως εκείνων με τους οποίους περνάμε τον περισσότερο χρόνο, για να μην αναφέρουμε τα μέσα μαζικής ενημέρωσης, όπου η τηλεόραση κατέχει εξέχουσα θέση. Η γνώμη ενός ατόμου μπορεί να υιοθετηθεί από εκατομμύρια ανθρώπους ως κάτοχος της αδιαμφισβήτητης αλήθειας. Οι περισσότεροι άνθρωποι εξακολουθούν να επηρεάζονται εύκολα από αυτά που τα μέσα ενημέρωσης λένε ότι πρέπει να πιστεύουν. Ωστόσο, καθώς ανυψωνόμαστε πάνω από τις σκέψεις και τις απόψεις των μαζών μέσω της διαμόρφωσης της αυτογνωσίας και της αυτογνωσίας, οι καρμικοί μας κύκλοι γίνονται μικρότεροι και συντομότεροι.

Κεφάλαιο 12: Η δυναμική του κάρμα

Στον σημερινό γρήγορο κόσμο, η ζωή μας αλλάζει και τα προβλήματά μας φαίνεται να επιλύονται γρήγορα. Διαθέτουμε μια δύναμη που πολλοί βρίσκουν ακατανόητη: την ικανότητα να αλλάξουμε εντελώς τη μοίρα μας μέσα σε λίγους μήνες με τίποτα περισσότερο από σκέψεις, πληροφορίες και σταδιακές αποφάσεις προσαρμοσμένες για απρόβλεπτα αποτελέσματα. Ωστόσο, όσο δεν αποδεχόμαστε ότι το μυαλό μας έχει τις λύσεις σε όλα μας τα προβλήματα, μπορούμε να αντιμετωπίσουμε αμέτρητες απογοητεύσεις και να χάσουμε φιλίες. Αυτό συμβαίνει συνήθως επειδή οι προκλήσεις μας, οι άνθρωποι με τους οποίους σχετιζόμαστε και οι φόβοι που έχουμε προέρχονται από καρμικά ζητήματα που πρέπει να επιλύσουμε. Συνεχίζουμε να προσελκύουμε τους ανθρώπους και τις εμπειρίες που είναι απαραίτητες για την αυτοκριτική, ακόμη και όταν συναντάμε τα χειρότερα στοιχεία της κοινωνίας. Αυτές οι συναντήσεις μας αναγκάζουν να αντιμετωπίσουμε την έλλειψη αυτοαγάπης και την ανάγκη μας για αυτοεπιβεβαίωση επιδιώκοντας στόχους ζωής που θεωρούνται ανέφικτοι ή πέρα από τις δυνατότητές μας.

Ο εξωτερικός κόσμος είναι πάντα μια αντανάκλαση του εσωτερικού κόσμου, αν και όχι πάντα με άμεσο ή αντίθετο τρόπο. Μπορεί να απογοητευτούμε μόνο και μόνο για να συνειδητοποιήσουμε ότι θα πρέπει να είμαστε πιο δραστήριοι στην αναζήτηση πολύτιμων φιλικών σχέσεων, να κόβουμε πιο γρήγορα τις χαμηλής αξίας συνδέσεις και να αναζητούμε πιο γρήγορα και νέες. Όσο πιο δραστήριοι είμαστε σε αυτή τη διαδικασία αναζήτησης του σεβασμού και της αγάπης, τόσο πιο γρήγορα θα τα προσελκύσουμε. Από την άλλη πλευρά, όταν χρειαζόμαστε αυτά τα μαθήματα, προσελκύουμε αυτά που πρέπει να μάθουμε και συνεχίζουμε να υποφέρουμε μέχρι να τα καταλάβουμε.

Όταν οι άνθρωποι αντιμετωπίζουν προβλήματα αλλά αρνούνται την ευθύνη, συχνά αναζητούν λύσεις από άλλους, σαν να ήξεραν καλύτερα τι χρειάζεται η ζωή τους. Η αλήθεια είναι ότι οι περισσότεροι άνθρωποι είναι γεμάτοι απόψεις, συνήθως βασισμένες σε εκλογικεύσεις των δικών τους εμπειριών, αλλά κατανοούν ελάχιστα για το πώς λειτουργεί πραγματικά η ζωή. Ως αποτέλεσμα, η συντριπτική πλειοψηφία ταλαντεύεται μεταξύ ικανοποίησης και απόγνωσης. Η απελπισία προκύπτει όταν η ζωή αλλάζει και δεν ξέρουν πώς να προσαρμοστούν. Πολλοί άνθρωποι ξοδεύουν χρόνια εστιάζοντας την ενέργειά τους στον έλεγχο της κοινωνικής τους εμφάνισης, αντί να εξελίσσονται και να γίνονται καλύτερα άτομα. Καταλαβαίνουν πολύ λίγα για τον κόσμο, με αποτέλεσμα οι εκδηλώσεις πνευματικής δυστυχίας να μην αποτελούν γνήσια αιτήματα για βοήθεια.

Αυτό είναι ορατό όταν βοηθάμε κάποιον που ζητάει βοήθεια, αλλά στη συνέχεια προσβάλλεται από αυτό το άτομο. Αυτό είναι πιο πιθανό όσο περισσότερο προσπαθούμε να βοηθήσουμε, επειδή τα περισσότερα από τα προβλήματα που δημιουργούν οι άνθρωποι στη ζωή τους είναι σκόπιμα. Είναι σαν τα παιχνίδια που επιλέγουν να παίξουν. Για παράδειγμα, ένα άτομο που λέει: «Δεν μπορώ να ταξιδέψω γιατί έχω δουλειά» μπορεί να μην θέλει να ξεκινήσει τη δική του επιχείρηση από φόβο αποτυχίας, χρησιμοποιώντας τη δουλειά του ως δικαιολογία για να αρνηθεί στον εαυτό του κάτι που θέλει. Οι άνθρωποι συχνά επιλέγουν ένα στοιχείο της πραγματικότητάς τους για να δικαιολογήσουν τις επιλογές τους. Είναι ένας τρόπος να μεταθέσουν την ευθύνη από μέσα τους σε έναν εξωτερικό παράγοντα, κάτι που δεν μπορεί να συνδεθεί με τις δικές τους επιλογές. Επομένως, κάθε φορά που προσφέρουμε μια λύση σε κάποιον που έχει δημιουργήσει ένα πρόβλημα στη ζωή του, του αρνούμαστε το κάρμα που οι ίδιοι έχουν δημιουργήσει μέσω των δικών τους πεποιθήσεων.

Το κάρμα δημιουργείται από το άτομο προκειμένου να έχει ένα παιχνίδι να παίξει σε αυτό που ονομάζει ζωή. Όταν αφαιρούμε αυτό το παιχνίδι από τους ανθρώπους, μας δυσανασχετούν γιατί τους έχουμε αφαιρέσει το νόημα της πνευματικής τους ύπαρξης, όσο δραματικό και επώδυνο κι αν ακούγεται αυτό. Χρειάζονται τα προβλήματα που δημιούργησαν για να κατανοήσουν τον εαυτό τους. Δεν μπορούμε να τους βοηθήσουμε αφαιρώντας τα προβλήματα, γιατί γρήγορα θα αναζητήσουν άλλα. Αντίθετα, πρέπει να τους προσφέρουμε περισσότερα παρόμοια προβλήματα για να τους βοηθήσουμε να επιταχύνουν αυτή τη διαδικασία. Αυτό μπορεί να φαίνεται σκληρό μέχρι να συνειδητοποιήσετε ότι η πιο αποτελεσματική ψυχοθεραπεία είναι να κάνουμε το άτομο να αντιμετωπίσει και να μιλήσει για τους δικούς του φόβους, και όχι μόνο, να βρει δημιουργικούς τρόπους επεξεργασίας τους, που θα το οδηγήσουν να καταλάβει γιατί τους δημιούργησε.

Μόνο όταν το άτομο συνειδητοποιήσει ότι έχει ελέγξει και δημιουργήσει ολόκληρη τη ζωή του και καταλάβει το γιατί, απελευθερώνεται πραγματικά. Κατά ειρωνικό τρόπο, όσο πιο αδαής είναι ένα άτομο, τόσο περισσότερα προβλήματα χρειάζεται για να νιώσει ότι η ζωή του είναι σημαντική. Το ταπεινό άτομο σπάνια αισθάνεται την ανάγκη να έχει προβλήματα, επειδή, καθώς αποκτά σοφία, χάνει την αίσθηση της σημαντικότητάς του. Είναι αόρατοι για εκείνους που αναζητούν προβλήματα και τρόπους για να νιώσουν σημαντικοί στην κοινωνία. Το αποκαλούμε αυτό κάρμα μόνο και μόνο επειδή το άτομο είναι υπεύθυνο για τα προβλήματα που προσελκύει. Το κάρμα δεν είναι ξεχωριστό από τον χαρακτήρα ή τις πεποιθήσεις ενός ατόμου. Είναι αρκετά ειρωνικό ότι όσο λιγότερο φόβο έχει ένα άτομο, τόσο λιγότερο έρχεται αντιμέτωπο. Μπορούμε λοιπόν να υποθέσουμε ότι ένα άτομο που έλκει την αντιπαράθεση πιστεύει, για κάποιο περίεργο λόγο, ότι πρέπει να φοβάται. Κάποιοι μπορεί ακόμη να πουν ότι ο φόβος και το άγχος τροφοδοτούν το κίνητρό τους να γίνουν καλύτερα άτομα, σαν να ήταν η ασθένεια μέρος του πνευματικού τους ταξιδιού.

Κεφάλαιο 13:
Η ψευδαίσθηση της αλλαγής και η άνεση των προβλημάτων

Όταν απομακρύνουμε τα προβλήματα από τη ζωή των ανθρώπων, μπορεί να φαίνεται σαν να τους εμποδίζουμε να επιτύχουν τους στόχους τους. Για το λόγο αυτό, πολλοί άνθρωποι προτιμούν να παίρνουν ψυχοτρόπα φάρμακα για να τους βοηθήσουν να αντιμετωπίσουν τις προκλήσεις τους, αντί να κάνουν ολοκληρωτικές αλλαγές στον τρόπο ζωής τους. Αν είστε πολύ αποτελεσματικοί στην εξάλειψη των προβλημάτων ενός ατόμου, μπορεί να αισθανθεί ότι χάνει την αυτονομία και την ατομικότητά του, αν και αυτό είναι απατηλό. Μπορεί να αντιδράσουν με δηλώσεις όπως: «Νομίζεις ότι τα ξέρεις όλα, αλλά δεν με ξέρεις» ή «Αυτή είναι απλώς η γνώμη σου». Μπορεί ακόμη και να προσπαθήσει να σας αποτρέψει, λέγοντας: «Η περίπτωσή μου είναι διαφορετική από όλων των άλλων», και να σας κατηγορήσει για χειραγώγηση, λέγοντας: «Δεν ξέρετε τι να κάνετε γιατί δεν είστε στη θέση μου».

Μια γυναίκα με ρώτησε κάποτε αν τη χειραγωγώ. Όταν τη ρώτησα γιατί, μου απάντησε: «Επειδή νιώθω πάντα τόσο άνετα κοντά σου». Προφανώς, ήταν προσκολλημένη στην ανάγκη να νιώθει έλλειψη σεβασμού, ταπείνωση και εγκατάλειψη, γι' αυτό και η σχέση μας δεν κράτησε. Ήθελε σταθερότητα, αλλά αναζητούσε το δράμα. Πολλοί άνθρωποι ισχυρίζονται ότι θέλουν κάτι, αλλά αντιστέκονται σε αυτό επειδή δεν είναι ειλικρινείς με τον εαυτό τους. Ως αποτέλεσμα, αυτά που λένε και κάνουν συχνά αντικατοπτρίζουν τα εσωτερικά τους προβλήματα περισσότερο από τις πράξεις ή τα λόγια τους.

Οι περισσότεροι άνθρωποι δεν είναι έτοιμοι να αλλάξουν και ίσως δεν θα είναι ποτέ, γι' αυτό και έχουν προβλήματα που μοιάζουν να διαρκούν για πάντα. Αντιθέτως, διαμορφώνουν μια ταυτότητα γύρω από αυτά τα προβλήματα και αναδιοργανώνουν τη ζωή τους για να τα διατηρήσουν. Γι' αυτό, όταν δεν έχουν τους συντρόφους που θέλουν, πρέπει να αποδεχτούν αυτούς που έχουν. Αν δεν μπορούν να ταξιδέψουν σε μέρη που δεν μπορούν να αντέξουν οικονομικά, λένε στον εαυτό τους ότι αυτό συμβαίνει επειδή είναι φτωχοί και όχι επειδή πρέπει να επανεξετάσουν τις επιλογές της ζωής τους. Είναι ενδιαφέρον το πώς οι άνθρωποι εκλογικεύουν τη φτώχεια τους, συχνά συνδέοντάς την με τη χώρα τους, επειδή δεν θέλουν να παραδεχτούν ότι δεν θέλουν να΄αλλάξουν τις συνθήκες τους για να έχουν διαφορετικά αποτελέσματα. Μπορεί ακόμη και να χρησιμοποιούν την οικογένειά τους ως δικαιολογία για να μην αλλάξουν ποτέ, λες και είναι καλύτερα να είσαι φτωχός με παρέα παρά πλούσιος μόνος σου.

Η μόνη απάντηση που μπορούν να δεχτούν αυτοί οι άνθρωποι είναι αυτή που δεν υπάρχει, επειδή δεν θέλουν να αλλάξουν τον εαυτό τους ή την πραγματικότητά τους. Θέλουν να παραμείνουν για πάντα όπως είναι, και συχνά παραμένουν έτσι ακόμη και μετά το θάνατό τους. Ένα φάντασμα δεν είναι τίποτα περισσότερο από μια πεισματάρα ψυχή που αρνείται να εγκαταλείψει τον πλανήτη ή να μετενσαρκωθεί, προτιμώντας να επαναλαμβάνει τις ίδιες συνήθειες που είχε στη ζωή της για πολλούς αιώνες, συμπεριλαμβανομένων των τραυμάτων που δεν έχουν πλέον νόημα μετά από τόσο καιρό. Ο αληθινός τρόμος, ως μια πιο ακραία μορφή του κακού, προέρχεται πάντα από τον εθισμό στα τραύματα. Όποιος αγαπά την αυτολύπηση και την αυτοπροβολή μέσω τραυμάτων που δεν τον εμποδίζουν να βελτιώσει τη ζωή του, είναι στα μισά του δρόμου και κατευθύνεται προς την κόλαση.

Όταν οι άνθρωποι με ρωτούν πώς βγάζω χρήματα, δεν τους ενδιαφέρει πόσο χρόνο αφιερώνω στο γράψιμο ή πόσα βιβλία έχω διαβάσει. Θέλουν απλώς μια μαγική απάντηση που θα τους επιτρέψει να αντλήσουν γνώση από το τίποτα και να δημιουργήσουν ένα βιβλίο αμέσως, χωρίς καμία προσπάθεια. Ωστόσο, με τον ίδιο τρόπο σας προσβάλλουν και εσάς. Όταν αποφάσισα να παραιτηθώ από τη δουλειά μου ως μάνατζερ και σύμβουλος μεγάλων εταιρειών και να γίνω φύλακας, οι φίλοι μου μπερδεύτηκαν και η ίδια μου η μητέρα είπε: «Επιτέλους έχεις μια δουλειά που σου ταιριάζει. Ελπίζω να μείνεις εκεί για πάντα».

Διάβαζα κάθε μέρα και νύχτα κατά τη διάρκεια των εργασιακών μου βαρδιών και δεν είχα διαβάσει ποτέ στη ζωή μου τόσο πολύ. Έγραψα επίσης τα πρώτα μου βιβλία ενώ δούλευα στην ασφάλεια. Περίπου ένα χρόνο αργότερα, άλλαξα και πάλι δουλειά. Αυτή τη φορά εργάστηκα ως δασκάλα στην Κίνα και ταξίδεψα σε διάφορες χώρες της Ασίας. Εκείνη την εποχή, δέχτηκα ακόμη περισσότερη κριτική από την οικογένειά μου και συνειδητοποίησα ότι η καλύτερη λύση δεν ήταν μια επιλογή, αλλά ένα κάρμα που έπρεπε να αποδεχτώ: έπρεπε να σταματήσω να μιλάω σε όλους τους ανθρώπους. Από τότε που σταμάτησα να απαντώ σε μηνύματα, έβγαλα πολύ περισσότερα χρήματα. Το κάρμα πραγματικά μας επηρεάζει με περισσότερους τρόπους απ' ό,τι μπορούμε να φανταστούμε, αλλά ο πιο σημαντικός είναι ο τρόπος με τον οποίο η ενέργειά μας προσελκύει όνειρα που φαίνονται απρόσιτα, ειδικά όταν έχουμε αφιερώσει χρόνια και ώρες σκληρής δουλειάς για να τα πετύχουμε.

Όσο περισσότερο οι άνθρωποι βυθίζονται στους καρμικούς κύκλους τους, τόσο λιγότερο ικανοί είναι να δεχτούν αντικρουόμενες απαντήσεις από άλλους ανθρώπους και τόσο περισσότερο εμπλέκονται στο να εξασφαλίσουν ότι θα γίνουν αποδεκτοί από εκείνους που μπορεί να μην έχουν το συμφέρον τους στην καρδιά τους. Ως εκ τούτου, λέγεται ότι η κατανόηση ενός προβλήματος δεν είναι τόσο σημαντική όσο η κατανόηση του εαυτού σας. Πολλά προβλήματα μπορούν εύκολα να εξαλειφθούν αν θέσετε στον εαυτό σας αυτές τις ερωτήσεις:

- Τι θα συνέβαινε αν δεν είχα αυτό το πρόβλημα; Θα ήταν η ζωή μου χειρότερη;»

- Τι θα συνέβαινε αν η ζωή μου δεν είχε προβλήματα; Θα ήταν βαρετή;»

Ο λόγος που αυτές οι ερωτήσεις είναι τόσο ισχυρές προέρχεται από τις αντικρουόμενες ιδέες που έχουν οι άνθρωποι σχετικά με τον έλεγχο της μοίρας τους. Πολλοί άνθρωποι μου λένε ότι η πρόβλεψη του μέλλοντος κάνει τη ζωή βαρετή και δεν θέλουν να ξέρουν τι πρόκειται να συμβεί συνεχώς. Απορρίπτουν τη σύνδεση μεταξύ της προσωπικής ευθύνης και των συνεπειών αυτής της ευθύνης. Αρνούνται να αναλάβουν τον έλεγχο των καρμικών τους κύκλων. Και δεν φαίνεται να τους ενδιαφέρει ότι οι πράξεις και τα λόγια τους επηρεάζουν το μέλλον τους. Αυτό είναι που πραγματικά απορρίπτουν λέγοντας ότι δεν θέλουν να γνωρίζουν το μέλλον.

Κάθε φορά που προσπαθούν να γνωρίζουν το μέλλον μέσω μαντείας, προσπαθούν να προβλέψουν κάτι αναπόφευκτο, σαν να μπορούν να παρακάμψουν τα προβλήματα που δημιουργούν. Ποτέ δεν θέλουν να μάθουν πώς δημιουργούν εκείνοι αυτό το μέλλον. Κάθε φορά που κάποιος μου ζητάει να δω το μέλλον του, δεν θέλει ποτέ να του πω πώς να το δημιουργήσει. Θέλουν να γνωρίζουν το αποτέλεσμα, όχι την αιτία, και έτσι επαναλαμβάνουν τους ίδιους καρμικούς κύκλους. Μετά λένε ότι η μελλοντολογία δεν λειτουργεί, επειδή οι ζωές τους δεν αλλάζουν ποτέ. Φυσικά, η ζωή δεν αλλάζει αν αρνείστε να κοιταχτείτε στον καθρέφτη της ψυχής σας και να αποδεχτείτε τα λάθη που κάνατε.

Κεφάλαιο 14: Το μοναχικό ταξίδι της ψυχής

Γεννιόμαστε και πεθαίνουμε μόνοι. Οι φίλοι που κάνουμε κατά τη διάρκεια της ζωής μας είναι άλλες ψυχές με τις οποίες διασταυρωνόμαστε. Όταν ξαναγεννηθούμε, μπορούμε να τους ξανασυναντήσουμε, αν και οι πιθανότητες γι' αυτό είναι ελάχιστες. Τα περισσότερα πνευματικά όντα ξεκινούν ένα μοναχικό ταξίδι ατομικής ανάπτυξης. Αυτό το ταξίδι επικυρώνει την προσωπική τους αξία και τους μεταμορφώνει μέσα από τις εμπειρίες τους. Αν είναι αρκετά γενναίοι για να αλλάξουν γρήγορα, χάνουν περισσότερους από τους δεσμούς τους και τους ανθρώπους που αγαπούν. Ωστόσο, μεταμορφώνουμε σταδιακά τον εαυτό μας μέσα από εμπειρίες πολικότητας και δυαδικότητας, μέσα από πόνο και ευχαρίστηση, καθώς αλληλεπιδρούμε με μια πραγματικότητα που επηρεάζει στη συνέχεια την ταυτότητά μας.

Πρέπει να αναπτύξουμε την ίδια ικανότητα να υπομένουμε τον πόνο και να παραιτούμαστε από την ευχαρίστηση, αν θέλουμε να απολαμβάνουμε περισσότερο τη ζωή. Αυτή η ικανότητα εξισορροπείται από την ικανότητα που συσσωρεύουμε και η οποία μας συνοδεύει καθ' όλη τη διάρκεια της μετάβασης μεταξύ των ζωών. Γινόμαστε πάντα καλύτερες εκδοχές του εαυτού μας, ξεπερνώντας τις δυαδικότητες και τις σκέψεις μας για το τι αντιπροσωπεύουν. Είναι η ικανότητα να κάνουμε λάθος και η ταπεινότητα να αποδεχόμαστε τα άγνωστα που μας βοηθούν να διασχίσουμε τα όρια μεταξύ του εφικτού και του αδύνατου και να φτάσουμε σε δυνατότητες που δεν μπορούσαμε ποτέ να φανταστούμε. Αυτό έρχεται με την αυτο-αγάπη και τον σκοπό του πνευματικού μας ταξιδιού. Σημαίνει να βρούμε μια ζωή τόσο γεμάτη νόημα ώστε να αποδεχόμαστε τη διαδικασία του πόνου όσο αγαπάμε τη χαρά που τη συνοδεύει, όχι ως στάσιμες καταστάσεις ύπαρξης, αλλά ως εμπειρίες που μας ωθούν να γίνουμε καλύτεροι και πιο ολοκληρωμένοι άνθρωποι.

Πρέπει να εργαστούμε για να δημιουργήσουμε το ίδιο είδος ζωής στη Γη που ελπίζουμε να βρούμε μετά το θάνατο. Για να ενσωματώσουμε την έννοια του παραδείσου ως τόπου όπου αναγεννιόμαστε για να απολαύσουμε μια πιο ειρηνική ζωή, πρέπει επίσης να εξετάσουμε τη μετενσάρκωση. Με αυτόν τον τρόπο αγκαλιάζουμε το νόημα της ύπαρξης και τον σκοπό μας ως ψυχές, ανεξάρτητα από τις συνθήκες που μας αναγκάζουν να υιοθετήσουμε μια συγκεκριμένη κουλτούρα και φυσική εμφάνιση. Η μετενσάρκωση αποκτά μεγαλύτερο νόημα όταν δεν έχουμε πλέον λόγο να ξαναγεννηθούμε στη Γη, όταν είμαστε περήφανοι για ό,τι αφήσαμε πίσω μας και καταλαβαίνουμε τι σημαίνει να είσαι ένα πλανητικό ον, χωρίς προσκόλληση σε οποιαδήποτε περιοχή. Αυτό δεν σημαίνει ότι δεν θα έχουμε προβλήματα στη Γη αν θελήσουμε να επιστρέψουμε, γιατί πάντα θα υπάρχουν προκλήσεις. Σημαίνει όμως ότι καταλαβαίνουμε γιατί υπάρχουν και γιατί άλλοι άνθρωποι τις δημιουργούν.

Η κατανόηση των αιτιών της άγνοιας μας απελευθερώνει από τα λάθη των άλλων και τα αρνητικά συναισθήματα που μας δημιουργούν. Αυτή η γνώση ανυψώνει το νου μας σε μια μόνο ζωή. Καθώς μαθαίνουμε να αντιλαμβανόμαστε την πραγματικότητα από διαφορετικές οπτικές γωνίες, κατανοούμε επίσης τον ρόλο μας σε αυτήν και μαθαίνουμε να την αφήνουμε. Αυτή η διαδικασία μπορεί να απαιτεί στιγμές μοναξιάς, οι οποίες είναι σημαντικές για αυτό που αντιπροσωπεύουν: μια ευκαιρία να ξεκινήσουμε από την αρχή και να κατανοήσουμε καλύτερα τον εαυτό μας. Όταν η επιθυμία σας να κοινωνικοποιηθείτε δεν προέρχεται από το φόβο της μοναξιάς, αλλά από ένα γνήσιο ενδιαφέρον να γνωρίσετε ενδιαφέροντες και συμπονετικούς ανθρώπους με τους οποίους να μοιραστείτε την καλοσύνη, κατανοείτε αυτή την αλήθεια από μια πιο ολιστική και αυθεντική οπτική γωνία. Μαθαίνετε επίσης να ακούτε τους άλλους γι' αυτό που πιστεύουν, όχι μόνο γι' αυτό που λένε.

Οι περισσότεροι άνθρωποι δεν έχουν επίγνωση των λόγων τους, παρόλο που όλα όσα λένε έχουν το δικό τους πλαίσιο. Οι άνθρωποι καθοδηγούνται από τα συναισθήματα, όπως τα ψάρια στον ωκεανό, ακολουθώντας το άμεσο ένστικτό τους με βάση τις εμπειρίες τους. Ωστόσο, αυτό που πραγματικά αποκαλύπτει η πνευματική ανύψωση είναι η συνείδηση που υπερβαίνει τον χρόνο και τις φυσικές εμφανίσεις και που υπάρχει μεταξύ των ψυχών. Αυτό συμβαίνει όταν καταλαβαίνετε την έννοια του «ο Θεός είναι παντού» και αναγνωρίζετε τον εαυτό σας σε αυτό το θεϊκό όραμα. Μέσω αυτής της επίγνωσης, οι μεγαλύτερες αλήθειες εκδηλώνονται σταθερά και σποραδικά στο μυαλό μας. Το κρυμμένο γίνεται όλο και πιο ορατό, επιτρέποντάς μας να κατανοήσουμε τους νόμους της ύπαρξης που είναι κοινοί για όλα τα έμβια όντα.

Αν και είναι πρόκληση για τα άτομα με ενσυναίσθηση να γίνονται μάρτυρες του πόνου των άλλων, καθώς αναπτύσσουμε μια υψηλότερη συνείδηση, η ενσυναίσθηση αυξάνεται. Αυτός ο πόνος είναι μέρος μιας παγκόσμιας τάξης που είναι απαραίτητη για το πλαίσιο που τη συντηρεί. Δημιουργείται έτσι ώστε τα άτομα να μπορούν να φτάσουν σε νέα επίπεδα συνειδητότητας. Τα ανθρώπινα όντα κυριολεκτικά έλκουν και δημιουργούν τα δικά τους προβλήματα, κάτι που γίνεται σαφές όταν αναλύουμε την ιστορία τους και εξετάζουμε τις επιλογές που τους οδήγησαν στην παρούσα κατάσταση. Αυτό είναι ιδιαίτερα ενδιαφέρον όταν εξετάζουμε τα ιστορικά και παγκόσμια μοτίβα που δημιούργησαν τις προϋποθέσεις για την πτώση πολλών φυλών και εθνών.

Για πολλούς που δεν βλέπουν το φως, μόνο η αφθονία του σκότους μπορεί να δημιουργήσει την ανάγκη για διαφώτιση που θα τους επιτρέψει να αποδεχτούν αυτό που βρίσκεται πέρα από τον εαυτό τους. Σε αυτό το σκοτάδι, το εγώ καταπιέζεται και η ψυχή αποκαλύπτεται. Ωστόσο, το αποτέλεσμα δεν είναι πάντα θετικό και συχνά μπορεί να είναι τραυματικό. Πολλοί άνθρωποι αυτοκτονούν στην πορεία τους προς την πνευματική ανάβαση. Αυτός είναι ο λόγος για τον οποίο ο διαλογισμός είναι θεμελιώδης, ή τουλάχιστον στιγμές μοναξιάς για να αναλογιστούμε το παρελθόν, τις εμπειρίες και τις επιλογές μας. Όσο περισσότερο το κάνετε αυτό, τόσο περισσότερο θα κατανοήσετε το πλαίσιο στο οποίο βρίσκεστε και τους λόγους για τις συγκρούσεις και τις προκλήσεις στη ζωή σας. Δεν είναι πάντα απαραίτητο να μάθεις να αποδέχεσαι αυτό που σου συμβαίνει· συχνά είναι πιο σημαντικό να μάθεις να αγαπάς τον εαυτό σου.

Κεφάλαιο 15: Η ζωή σε βήματα τριών ετών

Γ ια να αποκτήσετε ιδέες κατά τη διάρκεια στιγμών εσωτερικού στοχασμού, σκεφτείτε να χωρίσετε τη ζωή σας σε τριετή διαστήματα και να προβληματιστείτε πάνω στα ακόλουθα ερωτήματα:

Ποιες ήταν οι μεγαλύτερες προκλήσεις σας σε αυτά τα τρία χρόνια; Ποιος προσπάθησε να σας εμποδίσει να επιτύχετε ορισμένους στόχους και ποιος σας βοήθησε; Πώς έλαβαν χώρα αυτές οι αλληλεπιδράσεις; Ποια ήταν τα πιο πολύτιμα μαθήματα που πήρατε;

Από την προσωπική μου εμπειρία τα τελευταία τρία χρόνια, έμαθα ότι οι άνθρωποι που με πλήγωσαν περισσότερο ήταν εκείνοι που αγαπούσα περισσότερο. Οι μεγαλύτερες προκλήσεις που αντιμετώπισα ήταν οικονομικές, προερχόμενες από λάθη σε αποφάσεις του παρελθόντος. Αυτό που με βοήθησε περισσότερο δεν ήταν οι άνθρωποι, αλλά οι πεποιθήσεις και οι γνώσεις μου, οι οποίες άλλαξαν τα πάντα. Ως αποτέλεσμα, έγινα πιο ανεξάρτητη και συνειδητοποίησα ότι έπρεπε να είμαι πιο αποφασιστική στις επιλογές μου και να ξοδεύω λιγότερο χρόνο με ανθρώπους που δεν αναγνώριζαν την αξία που προσέφερα. Αυτά τα μαθήματα δεν μου είχαν περάσει από το μυαλό τα προηγούμενα τρία χρόνια. Είχα πολλές μη παραγωγικές φιλίες και σπαταλούσα χρόνο με αυτούς τους ανθρώπους, ενώ θα μπορούσα να είχα πετύχει περισσότερα με τη δική μου αποφασιστικότητα.

Από τη μια περίοδο στην άλλη, το κάρμα που συσσωρευόταν σχετιζόταν σαφώς με την έλλειψη αποφασιστικότητας και την ανάγκη να είμαι πιο γρήγορος στην επιλογή και την απόρριψη των ανθρώπων που επέτρεπα στη ζωή μου. Σήμερα, είμαι πολύ λιγότερο υπομονετική με τους ανθρώπους, επειδή μπορώ να δω ξεκάθαρα πότε σπαταλούν τον χρόνο μου. Το επόμενο βήμα θα είναι να συνεχίσω αυτή τη διαδικασία μάθησης, η οποία θα περιλαμβάνει την επιλογή της καλύτερης πόλης στην οποία θα ζήσω και θα ριζώσω. Αυτό το στάδιο έχει να κάνει με τη θεραπεία της καρδιάς. Μέχρι στιγμής, οι εμπειρίες μου είναι κυρίως πνευματικές, οπότε δεν έχει σημασία πώς μας κρίνουν οι άλλοι όταν λένε ότι σκεφτόμαστε πολύ ή ότι πρέπει να αισθανόμαστε περισσότερο, γιατί ο καθένας μας βρίσκεται στο δικό του στάδιο ανάπτυξης. Ωστόσο, καθώς αποκτούμε αρκετές γνώσεις για να πετύχουμε τους στόχους μας, τίθεται ένα ερώτημα: είμαστε έτοιμοι να είμαστε ευτυχισμένοι;

Πολλοί άνθρωποι με ρωτούν: «Έχετε υποφέρει τόσα πολλά στη ζωή σας. Πώς μπορείς ακόμα να είσαι ευγενικός με τους ανθρώπους;» Όταν συνειδητοποιούμε ότι οι άνθρωποι είναι γενικά αδαείς, σταματάμε να χάνουμε χρόνο σκεπτόμενοι τις πράξεις των άλλων ανθρώπων. Αντ' αυτού, εστιάζουμε τις προσπάθειές μας στη δημιουργία ενός καλύτερου μέλλοντος για τον εαυτό μας. Αυτοί έχουν τον δικό τους κόσμο και εγώ τον δικό μου, που είναι υπέροχο. Αυτό είναι που έχει σημασία. Μια ζωή χωρίς ελπίδα δεν έχει καμία αξία. Όσο έχουμε ελπίδα και πίστη, θα έχουμε όλα όσα χρειαζόμαστε. Αυτό το έμαθα όταν ήμουν νέος, αντιμετωπίζοντας την πείνα και τη φτώχεια.

Κατά τη διάρκεια των φοιτητικών μου χρόνων, αναγκάστηκα να ζήσω σε κοιτώνα, επειδή οι γονείς μου με πέταξαν έξω από το σπίτι. Έπρεπε να μοιραστώ ένα δωμάτιο με έναν άλλο φοιτητή. Δυστυχώς, το πανεπιστήμιο με έβαλε σε ένα δωμάτιο με κάποιον που ήταν χαοτικός και ασταθής. Είχαμε πολλές συγκρούσεις και αγόρασε ακόμη και ένα μεγάλο μαχαίρι για να με εκφοβίσει. Είπα σε άλλους ανθρώπους τι συνέβαινε, αλλά κανείς δεν έκανε τίποτα. Φαινόταν ότι θα μπορούσε να με σκοτώσει ανά πάσα στιγμή, αλλά κανείς δεν νοιαζόταν. Κάθε βράδυ κοιμόμουν ανήσυχος, ενώ εκείνος διασκέδαζε και έπινε με άλλους φοιτητές. Ποτέ δεν ήξερα ποια νύχτα θα ήταν η τελευταία μου. Έκανα διάφορες δουλειές μερικής απασχόλησης, πληρώνοντας το κολέγιο και το ενοίκιο του δωματίου μου. Δεν είχα άλλη επιλογή από το να επικεντρωθώ στις ευθύνες μου.

Από τότε, έχω αντιμετωπίσει πολλές άλλες προκλήσεις στη ζωή και έχω μάθει ότι οι άνθρωποι συχνά δεν ενδιαφέρονται αν αντιμετωπίζεις δυσκολίες ή ακόμα και το θάνατο. Πολλοί άνθρωποι αδιαφορούν. Αλλά αν χάσω την ελπίδα και την πίστη, δεν θα έχω τίποτα. Τώρα γράφω σε όσους καταλαβαίνουν και θέλουν να μάθουν από μένα. Αγνοώ εκείνους που με προσβάλλουν και δεν εκτιμούν αυτό που προσφέρω. Ορισμένοι αναγνώστες επικοινωνούν μαζί μου εδώ και χρόνια, ενώ άλλοι είναι αγενείς και υπονοούν ότι δεν γράφω τα δικά μου βιβλία, αλλά παίρνω τις γνώσεις μου από άλλες πηγές. Επιλέγω να μην ασχολούμαι με αυτούς τους ανθρώπους που σπαταλούν τον χρόνο και την υπομονή μου. Οι άνθρωποι είναι ελεύθεροι να σκέφτονται ό,τι θέλουν για μένα, αλλά γνωρίζουν πολύ λίγα για να βγάλουν ακριβή συμπεράσματα. Κάνουν υποθέσεις με βάση τις περιορισμένες γνώσεις τους για την πραγματικότητα στην οποία ζουν. Νομίζουν ότι ξέρουν ποιος είμαι απλώς κοιτάζοντας το πρόσωπό μου, και το βρίσκω αυτό απίστευτα ανόητο.

Όταν είναι αδαείς, οι άνθρωποι αποζητούν την προσοχή και την επιβεβαίωση αντί να εργάζονται για την αυτογνωσία, αλλά αυτό είναι χάσιμο χρόνου για μένα. Δεν λέω ότι δεν πρέπει να δίνετε προσοχή στους άλλους, αλλά λίγοι άνθρωποι το αξίζουν πραγματικά. Στο τέλος της ημέρας, δεν έχει σημασία τι σκέφτεται ο κόσμος, γιατί έτσι κι αλλιώς θα έχετε τα αποτελέσματά σας. Για παράδειγμα, οι άνθρωποι μπορούν να σκέφτονται ό,τι θέλουν για μένα, αλλά η ζωή μου εξακολουθεί να είναι καλή και δεν αλλάζει εξαιτίας του τι σκέφτονται οι άλλοι.

Το πρόβλημα με την άγνοια είναι ότι συχνά γίνεται μέρος της προσωπικότητας. Οι άνθρωποι βλέπουν τον εαυτό τους μέσα στις πεποιθήσεις τους και φοβούνται ότι αν σκεφτούν διαφορετικά θα αλλοιώσουν την ταυτότητά τους. Στην πραγματικότητα, η προσωπικότητα που επιδεικνύουν είναι μια σταθερή σχέση με το επίπεδο γνώσης που κατέχουν. Οι προσωπικότητες τείνουν να εκδηλώνουν ορισμένα επίπεδα συνειδητότητας, ηθικής και προβλεψιμότητας. Μόνο τα άτομα με υψηλά επίπεδα ατομικότητας μπορούν να επιδείξουν μια πραγματικά μοναδική προσωπικότητα.

Κεφάλαιο 16: Η ψευδαίσθηση της ατομικότητας

Οι προσωπικότητες που εμφανίζουν οι άνθρωποι ακολουθούν γενικά ένα επαναλαμβανόμενο μοτίβο που αποκαλύπτει ομοιότητες σε κοινωνικά πλαίσια, όπως το να έχουν δουλειά, να πηγαίνουν στο εμπορικό κέντρο τα Σαββατοκύριακα, να παντρεύονται και να αποκτούν παιδιά. Ακόμα και οι διατροφικές τους επιλογές σπάνια αποκλίνουν από αυτό που βλέπουν τους άλλους να καταναλώνουν. Αυτές οι συμπεριφορές καθορίζονται σε μεγάλο βαθμό από το περιβάλλον και οι άνθρωποι γνωρίζουν πολύ λίγα πράγματα πέρα από αυτό. Ως εκ τούτου, μια ανεξάρτητη προσωπικότητα μπορεί να τους μπερδέψει και συχνά θεωρείται τρελή.

Όταν κάποιος επιδεικνύει ένα υψηλότερο επίπεδο συνείδησης, ηθικής και πειθαρχίας, τηρεί ένα υψηλότερο ηθικό πρότυπο, περιοριζόμενος λιγότερο από τους κανόνες και τις επιταγές της κοινωνίας. Αυτό τους φέρνει σε αντίθεση με τον υπόλοιπο πληθυσμό, ο οποίος δεν τους καταλαβαίνει και είναι αποφασισμένος να διατηρήσει τις ψευδαισθήσεις του για το τι είναι σωστό και τι λάθος. Έτσι, με βάση αυτά που προσδιορίζουν και διαφοροποιούν τους ανθρώπους, μπορούμε να εξάγουμε ένα σύνολο πεποιθήσεων για την πλειονότητα του πληθυσμού, επειδή συνάδουν με αυτό που θεωρείται «σωστό» και με την ιδέα του τι κάνουν οι «καλοί άνθρωποι».

Η λέξη «ευχαριστώ» ή η αναγνώριση ορισμένων κοινωνικά αποδεκτών συμπεριφορών είναι ένα τέτοιο παράδειγμα. Δεν έχει σημασία ποιος είστε ή πόσους ανθρώπους έχετε βοηθήσει- αν αρνηθείτε να πείτε «ευχαριστώ» για κάτι που σας προσφέρθηκε ή να δείξετε οποιοδήποτε είδος θαυμασμού ή ενδιαφέροντος για τους άλλους, θα σας δυσανασχετήσουν. Το παρατηρώ συχνά αυτό, επειδή οι περισσότεροι άνθρωποι δεν με εντυπωσιάζουν. Όλοι νομίζουν ότι είναι ξεχωριστοί, αλλά δεν είναι. Στην πραγματικότητα, είναι πολύ προβλέψιμοι, οπότε σπάνια δείχνω τον ενθουσιασμό που περιμένουν από τους άλλους. Ωστόσο, το απλό γεγονός ότι δεν δείχνω θαυμασμό οδηγεί συχνά σε αδιαφορία ή και εχθρότητα.

Στο βιβλίο του «Πώς να κάνετε φίλους και να επηρεάζετε τους ανθρώπους», ο Dale Carnegie περιγράφει αμέτρητους τρόπους για να περάσετε ένα μήνυμα: κάντε τους άλλους να νιώθουν ξεχωριστοί, ακόμη και αν δεν είναι. Οι άνθρωποι θέλουν να βλέπουν τον εγωισμό τους να ενισχύεται και να αντανακλάται με θετικό τρόπο. Τους αρέσει η ψευδαίσθηση μέσα στην οποία ζουν και θέλουν να πιστεύουν ότι η ζωή τους είναι σημαντική, ακόμη και όταν δεν είναι. Η συντριπτική πλειοψηφία του πληθυσμού ξεχνιέται μετά το θάνατο, αφήνοντας ελάχιστα πράγματα να θυμούνται. Ακόμα και μεταξύ των πιο αξιόλογων συγγραφέων, λίγοι παράγουν έργα που παραμένουν επίκαιρα για δεκαετίες. Ωστόσο, πολλοί άνθρωποι ζουν με την ψευδαίσθηση της δικής τους σπουδαιότητας. Και αυτό το φαινόμενο μάλλον υπήρχε πάντα, όπως αποδεικνύεται από τις ειλικρινείς εκφράσεις ανδρών και γυναικών που αποτυπώνονται σε φωτογραφίες ή ταινίες περασμένων δεκαετιών.

Αυτή η συγκεκριμένη μορφή άγνοιας, η πεποίθηση ότι κάποιος είναι ξεχωριστός, είναι διαδεδομένη στην κοινωνία και συχνά εμποδίζει την προσωπική ανάπτυξη. Εξάλλου, γιατί κάποιος που πιστεύει ότι είναι ξεχωριστός να νιώθει την ανάγκη να αλλάξει; Επομένως, μπορούμε να πούμε ότι η πίστη στην προσωπικότητα του καθενός, μαζί με την αλαζονεία και την αίσθηση της κοινωνικής σημαντικότητας, χαρακτηρίζει εκείνους που δυσκολεύονται να προσαρμοστούν στις αναγκαίες αλλαγές στον κόσμο και να εξελιχθούν. Στο ακραίο άκρο αυτής της εμμονής στην προσωπικότητα, ωστόσο, βρίσκονται η ακραία φτώχεια και ο θάνατος.

Αν και τα άτομα δεν μπορούν να θεωρηθούν υπεύθυνα για τις συνθήκες που επικρατούν στα πρώτα χρόνια της ζωής τους, μέχρι να φτάσουν στην ενηλικίωση, τα αποτελέσματα της ζωής τους καθορίζονται σε μεγάλο βαθμό από τις επιλογές τους, είτε είναι εξαρτημένες είτε όχι. Αυτή η αλήθεια είναι συχνά ανεπιθύμητη και μπορεί ακόμη και να εκληφθεί ως προσβολή. Ωστόσο, υπάρχουν τρεις βασικοί λόγοι για τους οποίους ένα άτομο μπορεί να μην επιτύχει πλούτο:

1. Τεμπελιά: η έλλειψη επιμονής στην εκτέλεση ενός έργου για επαρκές χρονικό διάστημα ή η τάση αναζήτησης «γρήγορων και εύκολων» λύσεων.

2. Άγνοια: προσπάθεια να βγάλει χρήματα με κάθε μέσο, συμπεριλαμβανομένης της πώλησης αντικειμένων που οι άνθρωποι δεν θέλουν, δεν έχουν καμία αξία ή είναι εντελώς άχρηστα για την πλειονότητα.

3. Πεισματικότητα: *άρνηση αλλαγής ή προσαρμογής σε μεταβαλλόμενα περιβάλλοντα, απαιτήσεις και καταστάσεις.*

Όλοι οι άνθρωποι που με ρώτησαν πώς να πλουτίσουν και δεν τα κατάφεραν έδειξαν τεμπελιά, άγνοια και πείσμα. Από την άλλη πλευρά, όσοι έγιναν πλούσιοι εργάστηκαν σκληρά, απέκτησαν τις απαραίτητες γνώσεις και προσάρμοσαν την οπτική τους για τον κόσμο. Όσοι δεν με ρώτησαν ποτέ για τον πλούτο, συνήθως με θεωρούν τεμπέλη, αδαή και πεισματάρη, επειδή δεν θέλουν να αντιμετωπίσουν τις δικές τους αδυναμίες. Η αλήθεια μπορεί να είναι προσβλητική, ιδίως για όσους προτιμούν να ζουν σε άρνηση.

Ένα επαναλαμβανόμενο θέμα μεταξύ των ανθρώπων που παραπονιούνται για διάφορες συνθήκες ζωής είναι η απροθυμία τους να αναγνωρίσουν ότι είναι υπεύθυνοι για τη δημιουργία και τη διατήρησή τους, τουλάχιστον από άγνοια. Παρατηρούν την πραγματικότητα μέσα σε ένα περιορισμένο φάσμα κατανόησης και αντιστέκονται στην ιδέα ότι οι ίδιοι είναι η πηγή των προβλημάτων τους. Πολλοί άνθρωποι, ιδίως εκείνοι που προέρχονται από φτωχότερα έθνη, αποδίδουν υψηλότερα νοήματα σε λιγότερο κατανοητές πραγματικότητες, υπεραπλουστεύοντάς τες. Αυτός είναι ο λόγος για τον οποίο χρησιμοποιούν τη λέξη «ξένος» για να περιγράψουν οποιονδήποτε από οπουδήποτε στον κόσμο, συγκρίνοντας κυριολεκτικά τους Αφρικανούς, τους Ασιάτες και τους Αμερικανούς. Το ίδιο ισχύει και για τους Αμερικανούς και τους Ευρωπαίους που πιστεύουν ότι όποιος έχει καφέ δέρμα πρέπει να είναι Άραβας. Επειδή οι άνθρωποι είναι απίστευτα ανθεκτικοί στην προσαρμογή και τη μάθηση, επινοούν ιστορίες για τον εαυτό τους σχετικά με το γιατί ο κόσμος είναι έτσι όπως είναι. Αυτό τους δίνει κάποιο νόημα, αν και δεν είναι απαραίτητο για να προσαρμοστούν σε μια πραγματικότητα που δεν είναι η δική τους. Ακόμη και αν πρέπει να επινοήσουν τις περισσότερες από αυτές, τους δίνει κάποιο νόημα.

Κεφάλαιο 17: Η διπλή φύση της άγνοιας

Μ ε τα χρόνια, παρακολούθησα την οικογένειά μου, μέσα στην άγνοιά της, να επινοεί αμέτρητες ιστορίες για τη ζωή μου, καμία από τις οποίες δεν ήταν αληθινή ή δεν υποστηριζόταν από στοιχεία. Ωστόσο, όταν δεν έχουν νοημοσύνη, οι άνθρωποι αγνοούν εντελώς τα αποδεικτικά στοιχεία. Έχω εντοπίσει δύο τύπους άγνοιας στον κόσμο: την άγνοια των αμόρφωτων και την άγνοια των μορφωμένων. Οι αμόρφωτοι αρκούνται στις αβάσιμες υποθέσεις και τα ψέματά τους, δημιουργώντας αφηγήσεις από μικρά θραύσματα της πραγματικότητας, όπως το συμπέρασμα του τρόπου ζωής μου από τους τρεις μήνες που πέρασα στη Σερβία. Από την άλλη πλευρά, οι μορφωμένοι είναι σε θέση να εκλογικεύουν σύνθετα ψεύδη. Και οι δύο ομάδες είναι αδαείς, αλλά η καθεμία με τον δικό της τρόπο.

Για παράδειγμα, έχω διαπιστώσει ότι οι καθηγητές πανεπιστημίου συχνά επιδεικνύουν ένα εκπληκτικό επίπεδο άγνοιας, παρά την εμπειρία τους στην εξήγηση των πραγμάτων. Μπορούν να μιλούν επί ώρες για τίποτα ουσιαστικό, χωρίς να παρουσιάζουν σημαντικές διαφορές στις μεθόδους ή στα αποτελέσματα. Οι αμόρφωτοι, από την άλλη πλευρά, δεν μπορούν να διακρίνουν τι είναι πολύτιμο και τι όχι, γι' αυτό και οι συμμαθητές μου με θεωρούσαν ηλίθιο που έκανα κοπάνα από τα μαθήματα τόσο στο λύκειο όσο και στο πανεπιστήμιο. Κανείς δεν μπορούσε να καταλάβει πώς έπαιρνα πάντα υψηλούς βαθμούς, παρά τη δυσκολία των εξετάσεων. Δεν είναι δύσκολο να καταλάβει κανείς τους αδαείς, επειδή ακολουθούν πάντα τα ίδια μοτίβα.

Και στις δύο περιπτώσεις, τα προβλήματα που επινοούν οι άνθρωποι, ανεξάρτητα από το επίπεδο εκπαίδευσής τους, τους δίνουν μια ψευδή αίσθηση σπουδαιότητας, την οποία χρησιμοποιούν για να χτίσουν την αυτοεικόνα τους. Γι' αυτό τους αρέσει να κουτσομπολεύουν για μένα οι ζωές τους είναι τόσο βαρετές που έχουν πολλά να πουν για μένα. Όταν δεν έχουν τίποτα ενδιαφέρον στη ζωή τους, συχνά μπαίνουν σε μια κατάσταση όπου νομίζουν ότι μπορούν να δημιουργήσουν νόημα για τον εαυτό τους επιλέγοντας κάποιον για να κουτσομπολέψουν. Το να έχουν κάποιον για να κουτσομπολεύουν τους δίνει μια ψευδή αίσθηση σπουδαιότητας και εξυπνάδας. Επομένως, όσο περισσότερα πετυχαίνετε στη ζωή σας, τόσο λιγότερη επαφή πρέπει να έχετε μαζί τους. Απορροφούν την ενέργειά σας δημιουργώντας προβλήματα με κουτσομπολιά και διαδίδοντας ψέματα.

Αυτή η συμπεριφορά χρησιμοποιείται συχνά εναντίον δημοφιλών ανθρώπων, γι' αυτό και έπρεπε να σταματήσω να διδάσκω. Αντί να συζητούν αυτά που έχουν μάθει, οι άνθρωποι επικεντρώνονται στην προσωπική τους ζωή, επειδή οι αδαείς άνθρωποι δεν μαθαίνουν τίποτα, απλώς αναζητούν την ψυχαγωγία. Γι' αυτό είναι αδαείς. Τους αρέσει να διασκεδάζουν. Οι σοφοί, από την άλλη πλευρά, διαβάζουν και δεν ανησυχούν για πράγματα που δεν συμβάλλουν στη δική τους πρόοδο.

Η επιβεβαίωση του σοφού προέρχεται από τον εαυτό του, όχι από τα ψέματα, τις συκοφαντίες και τα κουτσομπολιά.

Το μειονέκτημα της αναζήτησης επικύρωσης μέσω φημών και κουτσομπολιού είναι ότι οι άνθρωποι εμπλέκονται τόσο πολύ στις ζωές των άλλων ανθρώπων που παραμελούν τη δική τους. Όταν τελικά αποφασίζουν να απομακρυνθούν από την ομάδα που τους επικυρώνει, οι ίδιοι άνθρωποι τους αποθαρρύνουν ή παύουν να είναι μέρος της ζωής τους. Αν οι άνθρωποι που γνωρίζετε εδώ και χρόνια δεν θέλουν ή δεν περιμένουν να αλλάξετε, θα αντισταθούν στην ανάπτυξή σας και θα αντιταχθούν σε οποιονδήποτε μπορεί να σας βοηθήσει. Δεν θα αργήσουν να καταφύγουν σε ανούσιες διαφωνίες, αντιπαραθέσεις και, τελικά, στην εξαφάνιση. Αυτές οι καταστάσεις είναι τόσο προβλέψιμες που μπορούν να προβλεφθούν. Είναι σαν να παρατηρείτε κάποιον με ψυχική ασθένεια να εφευρίσκει εξηγήσεις για την κατάστασή του, επειδή αυτή η συμπεριφορά είναι κοινή στον γενικό πληθυσμό.

Με ελάχιστες εξαιρέσεις, η συντριπτική πλειοψηφία των ανθρώπων χτίζει έναν αυτοδημιούργητο κόσμο που τον αντιλαμβάνεται ως στέρεο και αρνείται να δεχτεί την αλλαγή όταν κάτι διαταράσσει αυτόν τον κόσμο. Αντ' αυτού, κατασκευάζουν αναπόδεικτες εξηγήσεις για να διατηρήσουν τις ψευδαισθήσεις τους. Οι περισσότεροι άνθρωποι έχουν απόψεις και εξηγήσεις για τα πάντα, αλλά γνωρίζουν πολύ λίγα. Η ζωή τους υπαγορεύεται από τη συνήθεια. Σπάνια διαβάζουν, και όταν το κάνουν, συνήθως πρόκειται για υλικό γεμάτο κοινή λογική που εκλαϊκεύεται από εκείνους που επιδιώκουν να ενισχύσουν τον εγωισμό τους. Όταν αναζητούν ανώτερη εκπαίδευση, αναζητούν μόνο ό,τι υποστηρίζει τα επιχειρήματά τους, όχι ό,τι τα αμφισβητεί. Αυτό ισχύει ιδιαίτερα για τους καθηγητές που μπορούν να μιλήσουν εκτενώς για θέματα που δεν κατανοούν πλήρως. Αυτό είναι σύνηθες στις κοινωνικές επιστήμες, όπου υπάρχει αφθονία θεωριών, αλλά τα αποτελέσματα είναι γενικά λιγοστά.

Οι άνθρωποι γενικά δεν έχουν το ενδιαφέρον να αναζητήσουν πολύτιμες πληροφορίες ή τη διανοητική ικανότητα και την ταπεινότητα να διακρίνουν τι είναι πραγματικά πολύτιμο. Οι περισσότεροι άνθρωποι δεν γνωρίζουν καν πώς να σκέφτονται κριτικά. Οι σκέψεις τους είναι προκαθορισμένες από τις σταθερές που παρατηρούν στον κόσμο και από όσα φιλτράρουν στο δικό τους απατηλό μυαλό.

Κεφάλαιο 18: Η ψευδαίσθηση της συμμόρφωσης

Ο κομφορμισμός δεν προσβάλλει ή αναστατώνει κανέναν, επειδή στερείται αλήθειας· βασίζεται στην επικύρωση ψευδαισθήσεων και κοινωνικών συμφωνιών. Δεν έχει σημασία πόσους ανθρώπους ακούτε, πόσες χιλιάδες σελίδες βιβλίων διαβάζετε ή πόσα νομίζετε ότι γνωρίζετε. Όποτε προσκολλάστε στην κοινωνική συμμόρφωση, δεν θα προχωρήσετε ποτέ πέρα από αυτό που επιτρέπει η κοινωνία και τα πρότυπα των πεποιθήσεών της. Η τεμπελιά, το πείσμα και η άγνοια μπορούν να παραμείνουν κρυφές όσο μένετε μέσα στα προβλέψιμα κοινωνικά πρότυπα.

Αυτή η κατάσταση ύπαρξης είναι μια μορφή πνευματικού μουδιάσματος και σκλαβιάς που πολλοί έχουν οικειοθελώς αποδεχτεί και συνηθίσει λόγω της χαμηλής τους φύσης και της αρνητικής πνευματικής τους προδιάθεσης. Μόνο όταν συναντάμε κάποιον έξω από αυτές τις νόρμες αρχίζουμε να αναγνωρίζουμε αυτά τα χαρακτηριστικά. Για παράδειγμα, οι άνθρωποι συχνά αισθάνονται μια αίσθηση άγνοιας όταν μιλούν μαζί μου, κυρίως επειδή δεν ακολουθώ τα κοινωνικά πρότυπα. Αντίθετα, ακολουθώ αρχές που υπερβαίνουν την ίδια την κοινωνία. Έχω επανειλημμένα παρατηρήσει ότι αυτή η προσέγγιση τους μπερδεύει, καθώς προσπαθούν συνεχώς να εντάξουν τα λόγια μου στο κοινωνικό τους πλαίσιο. Αγωνίζονται να κατανοήσουν τις δηλώσεις μου ως αναλλοίωτες αλήθειες ή νόμους. Αυτή η άρνηση να αναγνωρίσουν την προοπτική μου πηγάζει από τον εγωισμό τους, ο οποίος τους οδηγεί στο να με κατηγορούν για την προκύπτουσα σύγκρουση αξιών μέσα τους - ουσιαστικά τη δική τους γνωστική ασυμφωνία - αντί να αναγνωρίσουν τους περιορισμούς τους.

Σε κανέναν δεν αρέσει να συνειδητοποιεί ότι οι περισσότεροι άνθρωποι είναι αναποτελεσματικοί και άχρηστοι πέρα από την κοινωνική δομή. Ακόμη και αν ένας στους πέντε χιλιάδες ανθρώπους θεωρείται πολύτιμος, αυτό ελάχιστα αλλάζει την ευρύτερη κοινωνική εικόνα. Εκείνοι που είναι πραγματικά πολύτιμοι συχνά αμφισβητούν λανθασμένα τη χρησιμότητά τους, λόγω της συντριπτικής επιρροής της νοοτροπίας της πλειοψηφίας. Εν τω μεταξύ, υπάρχει μια γενικευμένη εχθρότητα προς τις διαφορές, η οποία κάνει ακόμη και τους κριτικά σκεπτόμενους να αισθάνονται απομονωμένοι και να καταλήγουν να συμμορφώνονται με τις απόψεις της πλειοψηφίας. Αυτή η πίεση είναι παρούσα σε κάθε αλληλεπίδραση, όπου κι αν βρίσκεστε.

Όταν προσπαθείτε να αποφύγετε αυτές τις αρχές για να αποφύγετε τη δυσφορία, στην πραγματικότητα αποφεύγετε την αλήθεια. Όσο καλά επεξεργασμένες κι αν είναι οι θεωρίες ή τα σχέδιά σας, δεν θα πετύχουν αν δεν αναγνωρίσετε αυτές τις βασικές αρχές. Όσοι νομίζουν ότι μπορούν να καταστρώσουν ένα σχέδιο για να παρακάμψουν αυτές τις κοινωνικές πραγματικότητες είναι παραπλανημένοι- απλώς προσπαθούν να πλοηγηθούν σε μια κοινωνικά επιβεβλημένη κατάσταση χωρίς να αμφισβητήσουν την κοινωνία που τη δημιούργησε. Το φαινόμενο αυτό είναι ιδιαίτερα εμφανές μεταξύ των λεγόμενων νομάδων, των ελεύθερων επαγγελματιών και των εργαζομένων εξ αποστάσεως. Αυτοί οι άνθρωποι συχνά μιλούν σαν να είναι ιδιοκτήτες σημαντικών εταιρειών, πιο σημαντικοί από τους άλλους. Βρίσκω τις ιστορίες τους συναρπαστικές, επειδή τίποτα σε αυτούς δεν είναι εγγενώς ιδιαίτερο και αυτά που λένε για τον εαυτό τους είναι συχνά ένα πλήρες ψέμα.

Όλοι οι άνθρωποι που έχω γνωρίσει σε αυτούς τους τομείς έπιασαν δουλειά χωρίς επίσημη σύμβαση, δουλεύοντας ανεξάρτητα, χωρίς να εγκατασταθούν σε ένα παραδοσιακό γραφείο. Το μόνο πράγμα που τους ξεχωρίζει από τους άλλους εργαζόμενους είναι η επισφαλής κατάσταση της απασχόλησής τους, η οποία τους αναγκάζει να αναζητούν συνεχώς νέες ευκαιρίες. Είναι ελεύθεροι επαγγελματίες ή αυτοαπασχολούμενοι, αλλά αυτό το καθεστώς δεν τους προσδίδει ιδιαίτερη σημασία. Τα άτομα αυτά απλώς ανταποκρίνονται στην παγκόσμια έλλειψη θέσεων εργασίας, αλλά δεν έχουν λύσει το υποκείμενο πρόβλημα. Αντιθέτως, έχουν διευκολύνει άθελά τους τις εταιρείες να πληρώνουν χαμηλότερους μισθούς και να απολύουν ατιμώρητα τους εργαζομένους.

Οι διαδικτυακοί εργαζόμενοι δεν έχουν δρομολογήσει μια σημαντική αλλαγή- έχουν απλώς προσαρμοστεί στις τρέχουσες προκλήσεις της απασχολησιμότητας και στον συνεχή πληθωρισμό της αγοράς. Δεν αναγνωρίζουν ότι το εισόδημα και η ελευθερία τους περιορίζονται από τον ανταγωνισμό και την αφοσίωση των πελατών. Οι χώρες που παρουσιάζουν ως σύμβολα πλούτου και κύρους είναι συνήθως οι φτωχότερες στον κόσμο, επειδή είναι ευκολότερο να αισθάνεσαι πλούσιος όταν ο μέσος μισθός είναι χαμηλός. Γι' αυτό μιλούν για την Κολομβία, την Ινδονησία και την Ταϊλάνδη σαν να τις επέλεξαν οι ίδιοι, αντί να αναγνωρίζουν ότι τους επετράπη να εισέλθουν και να παραμείνουν σε αυτές, συχνά υπό επισφαλείς συνθήκες.

Με την πάροδο του χρόνου, οι σοβαρές συνέπειες της αδυναμίας αποδοχής της αλλαγής μπορεί να οδηγήσουν σε τρομερά αποτελέσματα, όπως ο θάνατος. Για το λόγο αυτό, πολλοί άνθρωποι εξαφανίζονται με την πάροδο του χρόνου, γίνονται φτωχότεροι, αρρωσταίνουν ή αυτοκτονούν. Αυτό είναι αναμενόμενο από ανθρώπους που δεν είναι σε θέση να αλλάξουν βλαβερές, ανασφαλείς και τεμπέλικες συνήθειες, είτε πρόκειται για εθισμούς, είτε για απροθυμία βελτίωσης, είτε για ανθυγιεινά διατροφικά πρότυπα. Για παράδειγμα, όσοι καπνίζουν υπερβολικά δείχνουν βαθιά έλλειψη σεβασμού για το σώμα τους και εμφανίζονται ως αδαείς κομφορμιστές. Προσπαθούν να ανακουφίσουν τη δυσαρέσκειά τους για τη ζωή όχι μέσω της αλλαγής, αλλά μέσω χημικών ουσιών που παρατείνουν την τρέχουσα κατάστασή τους. Έχω επίσης γνωρίσει πολλούς ανθρώπους που φαίνονται ευτυχισμένοι επιφανειακά, αλλά μου εκμυστηρεύονται κατ' ιδίαν ότι παλεύουν με την κατάθλιψη και τις τάσεις αυτοκτονίας.

Κεφάλαιο 19: Υπέρβαση του υλισμού

Όταν βλέπουμε το τέλος του φυσικού σώματος ως μια ακόμη φάση της εξέλιξης, συνειδητοποιούμε ότι η συνείδηση δεν περιορίζεται από τον υλικό κόσμο. Αντίθετα, ο υλισμός αναγκάζει τη συνείδηση να υφίσταται συνεχή μετασχηματισμό. Όλη η γνώση δημιουργείται κάνοντας το ασυνείδητο συνειδητό. Ωστόσο, όταν αυτή η συνείδηση αμβλύνεται από χημικές ουσίες, οι άνθρωποι βυθίζονται περισσότερο στις συνήθειες και το ασυνείδητό τους και γίνονται όλο και πιο ανθεκτικοί στην αλλαγή. Η ζωή τους διέπεται από την ευχαρίστηση, όχι από τη συνείδηση.

Πολλοί από αυτούς τους ανθρώπους έχουν την ικανότητα να εκλογικεύουν σύνθετα ζητήματα, αλλά όταν τους ζητείται να αλλάξουν μια αρνητική συμπεριφορά, αλλάζουν θέμα και δείχνουν αποστροφή στην αλλαγή. Καθώς δεν μπορούν όλοι να εισαχθούν σε ένα κέντρο πνευματικής αποκατάστασης για να αντιμετωπίσουν τα προβλήματα της ζωής τους, διαμένουν στο μοναδικό γνωστό φυσικό πνευματικό νοσοκομείο: τον πλανήτη Γη. Αυτός ο πλανήτης χρησιμεύει ως καταφύγιο για τις ψυχές του σύμπαντος που δεν είναι σε θέση να εξελιχθούν μαζί με τις άλλες φυλές και χρειάζονται μια πραγματικότητα υψηλότερης πυκνότητας, η οποία χαρακτηρίζεται από πόνο, αδράνεια και βάσανα που προκύπτουν από την άγνοια. Κατά συνέπεια, η κοινωνία στην οποία ζούμε αντανακλά αυτή τη συλλογική κοινωνική μάζα.

Οι αξίες που αποδέχεται η κοινωνία αντανακλώνται στο εκπαιδευτικό σύστημα, στη λαϊκή λογοτεχνία και στον δημόσιο λόγο. Σχεδόν όλα αυτά τα στοιχεία αντανακλούν το ίδιο κυρίαρχο παράδειγμα. Ο μόνος τρόπος για να ξεφύγουμε από αυτό το παράδειγμα είναι μέσω του πραγματισμού και της αντιπαράθεσης με ισχυρά διαδεδομένες νόρμες και πεποιθήσεις. Όλη η μάθηση είναι μια ψευδαίσθηση αν δεν γίνει ρεαλιστική. Αυτός ο πραγματισμός προέρχεται από την προσωπική αντίληψη, επειδή δεν υπάρχει άλλος τρόπος να περάσει από μια μάζα παραληρηματικών ψυχών. Αυτός είναι ο λόγος για τον οποίο τα καλύτερα βιβλία είναι συνήθως πέρα από την κατανόηση των μεγαλύτερων κομφορμιστών και είναι δύσκολο να βρεθούν.

Οι άνθρωποι που ξεκινούν την αλλαγή συνήθως αντιμετωπίζονται με εχθρότητα από τους κομφορμιστές, οι οποίοι τους βλέπουν ως διαβολική απειλή λόγω του φόβου τους για την αλλαγή. Ως αποτέλεσμα, η συντριπτική πλειονότητα των ανθρώπων δεν μαθαίνει αυτό που πρέπει, αλλά μόνο αυτό που μπορεί να μάθει. Αυτό είναι εμφανές σήμερα, καθώς πολλές εταιρείες αρνούνται να εκδώσουν τα βιβλία μου και, σε πολλές περιπτώσεις, τα αποκρύπτουν από το κοινό. Ως αποτέλεσμα, όταν κάποιος αναζητά τα θέματα που εξηγούνται εδώ, καταλήγει να διαβάζει άλλα έργα που διαιωνίζουν ψευδαισθήσεις αντί να τις αμφισβητούν.

Ακόμη πιο εκπληκτικό είναι όταν οι άνθρωποι επικρίνουν τη λογοτεχνία που αμφισβητεί τις πεποιθήσεις τους, επειδή δεν μπορούν να δουν τους περιορισμούς της. Προσβάλλουν και κατηγορούν τον συγγραφέα επειδή δεν παρουσίασε μια θεωρία που ταιριάζει καλύτερα στις παραληρηματικές τους πεποιθήσεις και τα ψεύδη τους. Στην πραγματικότητα, συχνά προτιμούν τους ψεύτες που μπορούν να δώσουν πειστικά επιχειρήματα για να τους κρατήσουν ακριβώς όπως είναι και να αποτρέψουν οποιαδήποτε αλλαγή. Τόσο τα μυθοπλαστικά όσο και τα δημοφιλή μη μυθοπλαστικά βιβλία αποκαλύπτουν αυτά τα μοτίβα. Μπορείτε να μάθετε πολλά για την κοινωνία μελετώντας αυτά τα βιβλία, αν και σπάνια σας βοηθούν να πετύχετε και σε πολλές περιπτώσεις μπορεί να οδηγήσουν στην τρέλα.

Το ίδιο ισχύει και για τη θρησκεία, η οποία πρέπει να συμμορφώνεται με τις προσδοκίες και τις συναισθηματικές ανάγκες των μαζών. Αυτός είναι ο λόγος για τον οποίο δημοφιλείς ομάδες, όπως οι χριστιανοί, έχουν συχνά μια τεράστια ποσότητα φαντασίας στις ιστορίες τους. Οι άνθρωποι αποδέχονται μόνο ιδέες που τους αγγίζουν συναισθηματικά. Χωρίς επίγνωση των εσωτερικών πνευματικών τους αναγκών, καμία εξωτερική μάθηση δεν μπορεί να τροποποιήσει τη δομή της συνείδησης του νου. Αυτή η έλλειψη επίγνωσης είναι ο λόγος για τον οποίο πολλοί άνθρωποι υποφέρουν από προβλήματα που αρνούνται να αντιμετωπίσουν.

Η εκτεταμένη χρήση ψυχοτρόπων φαρμάκων, μαζί με την εμμονή με τη θρησκεία, αντανακλά μια γενικευμένη τάση του πληθυσμού να ξεφεύγει από την πραγματικότητα. Ωστόσο, αυτή η φυγή δεν μεταβάλλει σημαντικά την πνευματική κατάσταση. Πολλοί φαίνεται να κατοικούν στη Γη σαν να ήταν ένα άσυλο για ταραγμένες ψυχές. Η χρήση ναρκωτικών ή η προσκόλληση σε μια θρησκεία που επικυρώνει μόνο τους κοινούς πνευματικούς αγώνες χρησιμεύει μόνο για να συγκαλύψει τα υποκείμενα προβλήματα.

Επιπλέον, οι ψυχίατροι και οι ιερείς συχνά παρεμποδίζουν ακούσια την εξέλιξη των ψυχών, εμποδίζοντάς τες να μεταβούν σε αυτό που πολλοί αποκαλούν παράδεισο, προσφέροντας υπηρεσίες που ικανοποιούν συναισθηματικές ανάγκες. Έτσι, η ψυχιατρική και η θρησκεία μπορούν να αποτελέσουν σημαντικά εμπόδια στην πνευματική ανάπτυξη, επιτιθέμενες στις ανεξάρτητες εκδηλώσεις της ψυχής και ενισχύοντας την ψευδαίσθηση ότι τα άτομα αυτά ικανοποιούν διάφορες ανάγκες, όπως η ένταξη, η αποδοχή, ο σεβασμός και η εκτίμηση.

Οι περισσότεροι άνθρωποι εντάσσονται σε θρησκευτικές ομάδες επειδή οι διδασκαλίες δίνουν νόημα στη ζωή και προωθούν τη δημιουργία φιλικών σχέσεων. Ωστόσο, συχνά δεν κατανοούν πώς αυτές οι πεποιθήσεις μπορούν να βιώνονται εκτός της ομάδας. Αντιλαμβάνονται τη σχιζοφρένεια του κόσμου ως διαφορετική από τις εκδηλώσεις της δικής τους ομάδας. Παρομοίως, οι εθισμένοι στα ψυχοτρόπα φάρμακα συχνά πιστεύουν ότι ο κόσμος όπως είναι αντιπροσωπεύει την ολότητα της ύπαρξης και θεωρούν ότι μόνο μέσω των χημικών ουσιών μπορεί κανείς να απολαύσει φυσιολογικά τη ζωή.

Κεφάλαιο 20: Η ψευδαίσθηση της εκπαίδευσης

Δεδομένου ότι ο νους δέχεται μόνο ό,τι είναι έτοιμος να δεχτεί, οι εσωτερικές ανάγκες συνδέονται στενά με την αυτογνωσία. Πρέπει να ανυψωθείτε πάνω από την τρέχουσα κατάστασή σας για να βιώσετε σκέψεις νέας φύσης και νέα όνειρα που τροφοδοτούνται από νέες ιδέες και οράματα. Δυστυχώς, πολλοί άνθρωποι ζουν σε μια κατάσταση ζόμπι, που διέπεται από λανθάνουσες υποσυνείδητες επιρροές, είτε πρόκειται για φράσεις που έχουν ακούσει από τη γέννησή τους, είτε για αξίες που έχουν απορροφήσει από τους γονείς τους ή έχουν αντιγράψει από φίλους, ακόμη και από εκείνους που έχουν να δουν χρόνια. Ζουν σύμφωνα με ένα σύνολο αξιών που επιβάλλονται από διάφορες κοινωνικές δομές. Συχνά, αυτές οι αξίες επιβάλλονται μέσω τραυμάτων και φόβου, είτε μέσω τιμωρίας, γελοιοποίησης ή άλλων συναισθηματικά οδυνηρών εμπειριών, συμπεριλαμβανομένων εκείνων που θεωρούμε φυσιολογικές, όπως τα τεστ στο σχολείο.

Αν κοιτάξετε τις εκφράσεις στα πρόσωπα των μαθητών πριν και μετά από ένα τεστ, θα δείτε ότι το αποτέλεσμα του τεστ αντανακλά την αξία τους για την κοινωνία και διαμορφώνει την αυτοεικόνα τους για το υπόλοιπο της ζωής τους. Ωστόσο, πολλοί επιχειρηματίες ήταν κακοί μαθητές επειδή δεν τους ενδιέφεραν ιδιαίτερα οι βαθμοί τους. Όταν ξεκινούν μια νέα επιχείρηση, δίνουν λίγη σημασία στα λάθη, γεγονός που τους επιτρέπει να μαθαίνουν, να διορθώνουν και να εξελίσσονται πιο γρήγορα από τον μέσο άνθρωπο που δεν μπορεί να σκεφτεί έξω από το κουτί. Στην πραγματικότητα, είναι πολύ πιο δύσκολο να διδάξεις σε έναν φοιτητή πώς να προετοιμαστεί για ένα διαγώνισμα από ό,τι σε ένα παιδί, επειδή οι φοιτητές γενικά δεν ενδιαφέρονται για την κατανόηση- έχουν περάσει όλη τους τη ζωή μαθαίνοντας να απομνημονεύουν πληροφορίες που δεν καταλαβαίνουν.

Αυτό είναι ιδιαίτερα προβληματικό όταν συνειδητοποιούμε ότι πολλοί άνθρωποι που εμπιστευόμαστε, όπως οι γιατροί, οι οδοντίατροι και οι νοσηλευτές, δεν ξέρουν πραγματικά τι κάνουν. Η απάντηση που λαμβάνω πάντα είναι: «Αυτά μου έλεγαν στο κολέγιο», γεγονός που αποδεικνύει ότι δεν ενδιαφέρονται για τις συνέπειες αυτών που διδάσκουν. Ακόμα και όταν αναλύουμε τον τρόπο με τον οποίο επιλέγονται οι άνθρωποι για μια θέση εργασίας, διαπιστώνουμε ότι αυτό αποτελεί από μόνο του μια τραυματική εμπειρία. Πολλοί άνθρωποι φοβούνται τόσο πολύ την κρίση που νοιάζονται περισσότερο να γίνουν αποδεκτοί παρά να βρουν το δικό τους δρόμο. Καταλήγουν να χάνουν την ικανότητα να ονειρεύονται επειδή η αυτοεκτίμησή τους έχει διαμορφωθεί από πάρα πολλές αρνητικές εμπειρίες αποτυχίας και απόρριψης.

Επιπλέον, όταν δεν βλέπουν άμεσες ανταμοιβές ή αντιμετωπίζουν προκλήσεις σε οποιονδήποτε τομέα της ζωής - από τις σχέσεις μέχρι τα επιχειρηματικά εγχειρήματα - τα παρατάνε γρήγορα. Ο μέσος άνθρωπος είναι πολύ αδύναμος για να δεσμευτεί για κάτι μεγαλύτερο από την κοινωνική του εικόνα, όπως ο αυτοσεβασμός. Στην πραγματικότητα, πολλοί άνθρωποι ανταλλάσσουν τον αυτοσεβασμό με οτιδήποτε προσφέρει υψηλότερο εισόδημα και μια ζωή με μεγαλύτερη κοινωνική ανταμοιβή. Για το λόγο αυτό, δεν υπάρχει άμεση συσχέτιση μεταξύ των σχολικών βαθμών, της δυσκολίας εύρεσης εργασίας και της επιτυχίας στη ζωή. Για παράδειγμα, ο Τζακ Μα, ο ιδρυτής της Alibaba, απορρίφθηκε από πολλούς εργοδότες πριν ιδρύσει την εταιρεία του, συμπεριλαμβανομένων θέσεων εργασίας ως διανομέας μπιφτεκιών. Αυτό αποδεικνύει ότι ένας μεγάλος επιχειρηματίας και ένα πλούσιο άτομο χαρακτηρίζονται από τις συνήθειες και τη νοοτροπία τους και όχι από τις κρίσεις της κοινωνίας.

Από την άλλη πλευρά, είναι επίσης αλήθεια ότι οι καλύτεροι επιχειρηματίες δεν είναι πάντα καλοί υπάλληλοι, ακριβώς επειδή είναι πολύ δημιουργικοί και βαριούνται εύκολα. Δεν το συνειδητοποιούσα αυτό όταν ήμουν παιδί, αλλά ο λόγος που πάντα αποσπούσα την προσοχή μου και ονειροπολούσα στο μάθημα ήταν επειδή ήμουν πιο έξυπνος από όλους τους άλλους, όχι λιγότερο. Δεν ήταν γραφτό να αποτύχω και να καταλήξω σε μια δουλειά με μεσαίο μισθό, όπως μου πρότεινε ο σχολικός ψυχολόγος, ούτε να εγκαταλείψω το κολέγιο, όπως με ενθάρρυναν η οικογένειά μου και οι καθηγητές μου. Αντίθετα, ήταν γραφτό να γίνω αυτό που είμαι σήμερα, αλλά έπρεπε να το ανακαλύψω αυτό μόνη μου, γιατί κανείς δεν μου το είπε.

Με την πάροδο του χρόνου, ανακάλυψα ότι οι πιο σημαντικές δεξιότητες, όπως η δημιουργικότητα και η ικανότητα ανεξάρτητης σκέψης, αν και συχνά απορρίπτονται ως ανεπιθύμητες από την κοινωνία γενικότερα, μας κάνουν περισσότερους από οποιονδήποτε άλλον. Ακόμη και το γεγονός ότι έγραφα πάντα βιβλία ως καθηγητής έκανε τους συναδέλφους μου να με βλέπουν ως έναν τρελό που έγραφε σκουπίδια και σπαταλούσε χρόνο, παρά ως κάποιον που έκανε μια σοβαρή επένδυση στη γνώση που θα με οδηγούσε σε νέα ύψη.

Ένας άλλος λόγος για τον οποίο οι άνθρωποι δεν θα συνειδητοποιήσουν ποτέ τις προσπάθειές τους είναι ότι είναι αποφασισμένοι να διατηρήσουν τη ζωή τους ως έχει, αντί να ξεκινήσουν από κάπου αλλού και να κάνουν κάτι διαφορετικό. Ως αποτέλεσμα, δεν μπορούν να το φανταστούν στους άλλους. Είναι ακριβώς αυτή η αδυναμία προσαρμογής και μάθησης από τα λάθη που καθιστά τους περισσότερους ανθρώπους, ιδίως τους καθηγητές πανεπιστημίου, λιγότερο χρήσιμους στο συνεχώς εξελισσόμενο επιχειρηματικό τοπίο, γεγονός που μπορεί να συμβάλει στην αποτυχία πολλών εταιρειών. Δεν είναι περίεργο που συχνά χρησιμοποιούν ξεπερασμένα υλικά και βιβλία, καταδικάζοντας τους φοιτητές τους να προσαρμοστούν σε έναν κόσμο που δεν υπάρχει πια. Αυτός είναι ο λόγος για τον οποίο τόσοι πολλοί απόφοιτοι καταλήγουν άνεργοι και, σε ορισμένες περιπτώσεις, άστεγοι, παρά το γεγονός ότι διαθέτουν πανεπιστημιακό πτυχίο.

Κεφάλαιο 21: Η πρόκληση της προσαρμογής σε έναν κόσμο που αλλάζει

Όπως έχω παρατηρήσει συχνά, οι περισσότεροι άνθρωποι δυσκολεύονται να προσαρμοστούν σε διαφορετικά περιβάλλοντα. Πιστεύουν λανθασμένα ότι η ευφυΐα τους έγκειται στην ικανότητά τους να επαναλαμβάνουν εργασίες. Ωστόσο, αυτή η επανάληψη οδηγεί στην απαξίωση των οργανισμών και των θεσμών με την πάροδο του χρόνου. Όταν ένας οργανισμός προσπαθεί να εφαρμόσει αλλαγές, οι εργαζόμενοι συχνά αντιστέκονται με διάφορους τρόπους. Για παράδειγμα, όταν μου ζητήθηκε να διδάξω άλλους καθηγητές πανεπιστημίου πώς να βελτιώσουν τις μεθόδους διδασκαλίας τους, κάποιοι επινόησαν δικαιολογίες για να μην παρευρεθούν, ενώ άλλοι αποσπούσαν την προσοχή τους από τα κινητά τους τηλέφωνα, συμπεριφερόμενοι ακριβώς όπως οι δικοί τους φοιτητές.

Όσο περνάει ο καιρός, η ανεπάρκεια των ατόμων στον κόσμο γίνεται όλο και πιο εμφανής, καθώς αδυνατούν να αναπτύξουν τις απαραίτητες δεξιότητες για να δικαιολογήσουν τις θέσεις τους. Ενώ πολλοί καθηγητές μπορούν να κρύβονται πίσω από ένα προσωπείο ικανοτήτων που στην πραγματικότητα δεν διαθέτουν - κυρίως επειδή τα πανεπιστήμια εκτιμούν τα πτυχία περισσότερο από την εμπειρία ζωής - οι φοιτητές αντιμετωπίζουν μια ζοφερή πραγματικότητα. Μετά την ηλικία των 30 ετών, ένα άτομο είτε επικυρώνεται από μια ουσιαστική σταδιοδρομία είτε κινδυνεύει να μείνει άνεργο για όλη του τη ζωή, καθώς οι εταιρείες γενικά προτιμούν να προσλαμβάνουν πρόσφατους πτυχιούχους.

Τα τελευταία χρόνια, με την έλευση της τεχνητής νοημοσύνης, το φαινόμενο αυτό επιταχύνεται- ακόμη και οι πρόσφατοι απόφοιτοι μπορεί σύντομα να γίνουν περιττοί. Τα μόνα επαγγέλματα που είναι πιθανό να επιβιώσουν στο εγγύς μέλλον είναι εκείνα των οποίων οι δεξιότητες δεν μπορούν να αναπαραχθούν από την τεχνητή νοημοσύνη, δηλαδή οι τέχνες και η δημιουργικότητα. Με άλλα λόγια, όσοι δεν μπορούν να σκέφτονται κριτικά θα περιθωριοποιούνται όλο και περισσότερο. Η σκέψη είναι κατά βάση η τέχνη της άρθρωσης διαφορετικών απόψεων, όχι απλώς η επισήμανσή τους ως σωστές ή λανθασμένες. Κατά ειρωνικό τρόπο, αυτό σημαίνει ότι οι άνθρωποι που είναι τέλεια κατηχημένοι από τα κυβερνητικά ιδρύματα είναι συνήθως οι ίδιοι που οι εταιρείες δεν θέλουν να προσλάβουν.

Πολλοί άνθρωποι πιστεύουν λανθασμένα ότι μια νέα κυβέρνηση μπορεί να λύσει προβλήματα που έχουν τις ρίζες τους σε μια κουλτούρα παραπληροφορημένων και παραπλανημένων ατόμων. Πολλοί εκπαιδευτικοί σπαταλούν τα χρήματα των φορολογουμένων αναπαράγοντας το υπάρχον σύστημα αντί να το αλλάξουν. Αυτή η εσφαλμένη αντίληψη για την ανεργία προκύπτει επειδή οι άνθρωποι δεν κατανοούν ότι η αποτελεσματικότητα προέρχεται από την αλλαγή και την προσαρμογή, όχι από τη στασιμότητα και την επανάληψη ξεπερασμένων προτύπων. Πολλοί που θεωρούν τους εαυτούς τους έμπειρους και ειδικούς στον τομέα τους δεν βρίσκουν δουλειά επειδή αισθάνονται ανεπαρκείς για μια κοινωνία που έχει προχωρήσει χωρίς αυτούς. Δεν συνειδητοποιούν ότι η κοινωνία που γνώριζαν δεν τους θέλει πλέον, ακριβώς επειδή είναι προβλέψιμοι. Η κοινωνία πρέπει να εξελίσσεται μέσω της διαφοροποίησης, όχι απλώς επαναλαμβάνοντας το παρελθόν.

Ένας πολυμαθής, που απορρίπτεται από το εκπαιδευτικό σύστημα, έχει μεγαλύτερες δυνατότητες απασχόλησης από κάποιον που έχει αφιερώσει χρόνια στη μελέτη ενός μόνο αντικειμένου. Επιπλέον, καθώς η συνείδηση διευρύνεται και εμβαθύνεται, οι μετασχηματισμοί στην πραγματικότητα ενός ατόμου γίνονται πιο βαθιές, με αποτέλεσμα μεγαλύτερη προθυμία για μάθηση και διευρυμένη ικανότητα κατανόησης. Με αυτόν τον τρόπο, ο κύκλος του μετασχηματισμού και ο κύκλος της ουσιαστικής μάθησης είναι άρρηκτα συνδεδεμένοι.

Όσο πιο γρήγορα αλλάζει η κοινωνία, τόσο πιο γρήγορα πρέπει να προσαρμοστούμε για να βελτιώσουμε τη ζωή μας. Κανείς δεν εργάζεται σκληρότερα από εκείνους που αλλάζουν τον κόσμο. Ποτέ δεν θα ξεπεράσετε τους καλύτερους στη συλλογή δεδομένων, τη συμβουλευτική, τις επενδύσεις και την επιχειρηματικότητα, οπότε ενώ μπορείτε πάντα να εργάζεστε λιγότερο, ποτέ δεν θα εργάζεστε πάρα πολύ. Ένας αποτελεσματικός άνθρωπος είναι αυτός που μπορεί να προσαρμόζεται σε διαφορετικά πλαίσια.

Όταν μιλάμε για «ουσιαστική μάθηση», εννοούμε τη γνώση που μας επιτρέπει να κατανοήσουμε τον κόσμο γύρω μας από διάφορες οπτικές γωνίες. Η συνήθεια της συσσώρευσης ουσιαστικής γνώσης αναδιαμορφώνει τη σκέψη μας και γεμίζει το κενό που δημιουργείται από ανεκπλήρωτες ανάγκες στην εκπαίδευσή μας. Αν και η γνώση δεν μας παρέχει υλικά αγαθά, μας διδάσκει πώς να τα αποκτούμε, με αποτέλεσμα εξωτερικούς μετασχηματισμούς που στη συνέχεια μεταβάλλουν τις εσωτερικές μας δομές. Όσο περισσότερα γνωρίζουμε, τόσο περισσότερα μπορούμε να κάνουμε για τον εαυτό μας και τους άλλους, δημιουργώντας μεγαλύτερη αξία που μπορεί να ανταλλαγεί με πλούτο.

Από την ανταλλαγή λαχανικών και ζώων περάσαμε στην ανταλλαγή δεξιοτήτων και γνώσεων. Ωστόσο, ένα σημαντικό μέρος του πληθυσμού παραμένει κολλημένο σε μια μεσαιωνική νοοτροπία. Δεν αναγνωρίζουν τη σημασία της καλλιέργειας της νοημοσύνης τους για να αποκτήσουν τους καρπούς που μπορούν να ανταλλαγούν, επιμένοντας αντ' αυτού να πουλάνε άδεια γη όταν κάνουν αίτηση για δουλειά. Πιστεύουν ότι αξίζουν μια καλή ζωή με βάση την προσωπικότητά τους και μόνο, το οποίο είναι το μεγαλύτερο ψέμα που λένε οι ναρκισσιστές στον εαυτό τους.

Πολλοί άνθρωποι αποτυγχάνουν να δουν τη σχέση μεταξύ αυτού που γνωρίζουν και αυτού που μπορούν να πάρουν και εκπλήσσονται από έναν κόσμο που τους επιστρέφει ακριβώς αυτό που δίνουν: τίποτα. Στην πραγματικότητα, τα ίδια αυτά άτομα συχνά αποτυγχάνουν και πάλι όταν έχουν συναισθηματικά κίνητρα να αναζητήσουν επιβεβαίωση και πλούτο σε τομείς που δεν γνωρίζουν. Αυτή η ανώριμη και λανθασμένη σκέψη εκδηλώνεται κάθε φορά που κάποιος με ρωτάει πώς πουλάω βιβλία, πράγμα που συμβαίνει συχνά.

Ποτέ δεν σκέφτονται πώς να γράψουν ένα βιβλίο που αξίζει να διαβαστεί· δεν έχω συναντήσει ακόμη κανέναν που να έχει κάνει αυτή την ερώτηση. Αντ' αυτού, συνήθως πηγαίνουν προς την αντίθετη κατεύθυνση, ρωτώντας με πώς να ξεπεράσουν το συγγραφικό μπλοκάρισμα, ένας ευφημισμός για να πουν ότι δεν έχουν τίποτα ουσιαστικό να μοιραστούν. Ορισμένοι μάλιστα ενοχλούνται όταν τους προτείνω ότι για να γράψουν καλύτερα βιβλία πρέπει να διαβάζουν περισσότερο. Αυτό δείχνει πόσο πλανεμένοι είναι για τις δικές τους ικανότητες. Τους εύχομαι μόνο αποτυχία, έλλειψη πωλήσεων και ανεργία, γιατί η συνεισφορά τους το μόνο που κάνει είναι να κάνει τον κόσμο χειρότερο.

Κεφάλαιο 22: Η αναζήτηση της αληθινής γνώσης

Η ψευδαίσθηση που διαιωνίζεται από τα κρατικά εκπαιδευτικά ιδρύματα οδηγεί στη συσσώρευση αμέτρητων πληροφοριών που είναι τελικά άχρηστες για το μυαλό και δεν προάγουν την αίσθηση της ελευθερίας ή της ολοκλήρωσης. Ως αποτέλεσμα, η υπερπληθώρα πληροφοριών μπορεί να μειώσει την αναζήτηση της αλήθειας και να οδηγήσει τα άτομα να προσκολληθούν στον σχετικισμό και τον μηδενισμό. Πολλοί φοιτητές μου έχουν πει ότι ο συντριπτικός όγκος πληροφοριών που δεν μπορούν να χρησιμοποιήσουν τους καθιστά ανίκανους να βρουν υψηλότερο νόημα στη ζωή.

Όταν η μάθηση ή οι επιλογές μας παρακινούνται από εξωτερικές και όχι από εσωτερικές ανάγκες, η αληθινή εξέλιξη καταπνίγεται. Αυτού του είδους η μάθηση δεν παρακινείται από την ευχαρίστηση, αλλά από το καθήκον, με αποτέλεσμα τα άτομα να χάνουν την ταυτότητά τους στην πορεία. Το πρόβλημα με αυτές τις στρεβλώσεις είναι ότι παρεμβαίνουν στην ικανότητά μας να επιβιώνουμε. Ωστόσο, όταν αναλαμβάνετε την πρωτοβουλία να αναπτύξετε τις δικές σας δεξιότητες, η κοινωνία συχνά ακυρώνει αυτές τις προσπάθειες.

Για παράδειγμα, επειδή δεν έχω σπουδάσει επίσημα λογοτεχνία, μουσική ή πληροφορική, πολλοί άνθρωποι σε όλο τον κόσμο προσβάλλουν την ικανότητά μου να γράφω βιβλία, να πουλάω μουσική και να δημιουργώ αβίαστα διαδικτυακές επιχειρήσεις και εφαρμογές. Θεωρούν τα επιτεύγματά μου συντομεύσεις και απάτες στη ζωή και βλέπουν την έλλειψη επίσημης εκπαίδευσης ως κάτι παράνομο ή ανέντιμο.

Οι περισσότεροι άνθρωποι ερμηνεύουν την πραγματικότητα μέσα από αυτόν τον στενό φακό, επειδή δεν μπορούν να φανταστούν έναν κόσμο πέρα από τα πρότυπα που έχουν διδαχθεί. Αυτό τους οδηγεί στο να θεωρούν τους εναλλακτικούς δρόμους ως παράνομους. Δυσκολεύονται να αντιληφθούν άτομα που είναι πιο επιτυχημένα και ικανά από αυτούς. Στην πραγματικότητα, πολλοί ενοχλούνται από την ικανότητα κάποιων να τους ξεπερνούν στα επιτεύγματά τους, χρησιμοποιώντας καλύτερες τεχνικές και γνώσεις από αυτές που πιστεύουν ότι ισχύουν.

Έχω προσκληθεί σε δείπνο από πολλούς ανθρώπους που ήθελαν να κάνουν ερωτήσεις και να αμφισβητήσουν τις απαντήσεις μου, γεγονός που με έκανε να αναρωτιέμαι αν σπαταλούσα τον χρόνο μου. Συχνά, οι άνθρωποι φαίνονται να είναι πολύ παγιωμένοι στις πεποιθήσεις τους για να μάθουν οτιδήποτε πέρα από αυτό που έχουν πείσει τους εαυτούς τους ότι είναι αληθινό. Οι αποτυχίες τους στη ζωή δεν οφείλονται μόνο στην έλλειψη τύχης, αλλά και στην έλλειψη νοημοσύνης και κοινής λογικής. Σε γενικές γραμμές, μπορεί να ειπωθεί ότι είναι πολύ περιορισμένοι στη σκέψη τους για να ευημερήσουν.

Πολλά άτομα περιορίζονται απίστευτα από τους κοινωνικούς κανόνες και τη συλλογικά αποδεκτή γνώση, απορρίπτοντας οποιονδήποτε αντιτίθεται στις απόψεις τους και θεωρώντας τον ως απειλή για την ύπαρξή τους. Ως ομάδα, συμβάλλουν στην αποφυγή του πολύτιμου και στην εξαφάνιση σημαντικών αντιλήψεων για τον κόσμο. Τα άτομα αυτά σπάνια αναζητούν βιβλία που παρουσιάζουν ιδέες που δεν μπορούν να μοιραστούν με άλλους ή που μπορεί να προκαλέσουν κριτική, ζώντας σαν ζώα σε κλουβί που έχουν αποδεχτεί την κατάστασή τους. Απορρίπτουν επίσης κάθε ιδέα που θα μπορούσε να ακυρώσει την κοσμοθεωρία τους.

Αυτή η συμπεριφορά είναι ζωώδης, υποδεικνύοντας ότι τα άτομα αυτά είναι προσκολλημένα στις πρωτόγονες ανάγκες επιβίωσής τους μέσω συναισθηματικών δεσμών και φυλετικής επικύρωσης. Δεν είναι πνευματικοί- αν ισχυρίζονται κάποια μορφή θρησκείας, είναι μόνο μια επιφανειακή προσπάθεια να επικυρώσουν την άγνοιά τους μέσω μιας εξωτερικής δύναμης, που συνήθως κατασκευάζεται από τη φαντασία τους και υποστηρίζεται από ανοργάνωτες και κακομεταφρασμένες πληροφορίες που έχουν βρει. Θα αλλάξουν θρησκεία αν κάποια από αυτές δεν ικανοποιεί τις ανάγκες τους, δηλώνοντας ότι η νέα πίστη είναι πιο αληθινή από την προηγούμενη. Τα άτομα αυτά δεν έχουν ακόμη αφυπνίσει την ψυχή τους για την αναζήτηση της γνώσης.

Αυτό εγείρει το ερώτημα: είναι η κατάστασή τους πραγματικά ατυχής ή είναι απλώς συνέπεια της αδυναμίας τους να προσαρμοστούν στην εξέλιξη του κόσμου γύρω τους; Το αληθινό πνευματικό ταξίδι αρχίζει όταν ένα άτομο αποφασίζει να αναζητήσει απαντήσεις στα δικά του προβλήματα. Αυτό το ταξίδι ξεκινά από το μυαλό και απαιτεί την πνευματική ωριμότητα να αναγνωρίσει κανείς τους δικούς του περιορισμούς - κάτι που, δυστυχώς, πολλοί γονείς αποτυγχάνουν να καλλιεργήσουν στα παιδιά τους όταν τα υπερπροστατεύουν και τους λένε ότι τους αξίζουν όλα όσα θέλουν. Αυτοί οι γονείς βλάπτουν τα παιδιά τους για όλη τους τη ζωή, κάνοντάς τα να μην έχουν επίγνωση της δικής τους ανικανότητας και ανεπάρκειας ως ενήλικες.

Θα μπορούσε επίσης να υποστηριχθεί ότι οι εγωιστές εκπαιδευτικοί, με την προσήλωσή τους στο σύστημα που εκπροσωπούν, συμβάλλουν στην ύπαρξη απογοητευμένων, απαθών, δυστυχισμένων και χαμένων πολιτών, που είναι παγιδευμένοι στις ψευδαισθήσεις του υλισμού και στερούνται φιλοδοξίας για γνώση. Ωστόσο, αυτοί οι εκπαιδευτικοί είναι επίσης προϊόντα του ίδιου του συστήματος που διαιωνίζουν, διότι είναι ακριβώς αυτοί που έχουν την υψηλή ικανότητα να το διατηρούν και να το μεταβιβάζουν στις επόμενες γενιές, οι οποίες λαχταρούν για καλύτερες πηγές και μεθόδους. Στην πραγματικότητα, αυτό είναι που μαθαίνουν οι ειδικοί της εκπαίδευσης στο πανεπιστήμιο: διάφορους τρόπους διατήρησης του status quo, πείθοντας παράλληλα τους μαθητές ότι μαθαίνουν, ενώ ενστικτωδώς γνωρίζουν ότι δεν μαθαίνουν. Οι διάφορες εκπαιδευτικές διαταραχές που συνεχίζουν να εφευρίσκονται είναι συμπτώματα μιας δυσλειτουργικής, ανώριμης και ανεύθυνης κοινωνίας που προτιμά να μεταφέρει την ευθύνη για το μέλλον στα παιδιά.

Κεφάλαιο 23: Η χειραγώγηση των συναισθημάτων

Συχνά βλέπουμε ένα αίσθημα ικανοποίησης όταν ένας μαθητής καταλαβαίνει επιτέλους ένα θέμα που του ήταν δύσκολο. Ωστόσο, αυτή η ικανοποίηση δεν αντικατοπτρίζει την πραγματική συνειδητοποίηση ή εξέλιξη. Στην πραγματικότητα, απευθύνεται στο ίδιο το εκπαιδευτικό σύστημα, το οποίο χειραγωγεί τη σκέψη μέσω του συναισθήματος. Αυτή η χαρά της μάθησης εκδηλώνεται σωματικά ως απελευθέρωση από τα προβλήματα που σχετίζονται με την ακατανόηση, προβλήματα που το σύστημα έχει ενσταλάξει προκειμένου να οδηγήσει τον μαθητή σε μια συγκεκριμένη κατεύθυνση. Στην ουσία, ο μαθητής που κατανοεί αισθάνεται τη χαρά του να ξεφεύγει από την άγνοια που επιβάλλει το εκπαιδευτικό σύστημα. Είναι σαν να νιώθει ανακούφιση που ένας εχθρός έγινε φίλος, αν και η δυστυχία της αρχικής κατάστασης έδωσε νόημα στην ευτυχία της τελευταίας.

Ένα παρόμοιο φαινόμενο συνέβη κατά τη διάρκεια της πανδημίας του κοροναϊού, όταν οι άνθρωποι χάρηκαν που έλαβαν τα εμβόλια. Αυτή η χαρά εξαρτήθηκε από τον γενικευμένο φόβο της μόλυνσης, που διακινούνταν καθημερινά από τα μέσα μαζικής ενημέρωσης. Με άλλα λόγια, οι άνθρωποι ήταν προετοιμασμένοι να αντιδρούν με συγκεκριμένο τρόπο μέσω της καθημερινής χειραγώγησης των συναισθημάτων τους.

Αν και οι ψευδαισθήσεις εκδηλώνονται στο εγώ μέσα από διάφορες σημασίες, δεν αποκτούν σημασία από τις σημασίες που τους αποδίδουμε. Αντίθετα, παραμένουν ψευδαισθήσεις, επειδή η αληθινή επίγνωση έγκειται στην αναγνώριση ότι μπορούμε να καθορίσουμε τα δικά μας νοήματα μόνο με αυτό που μας προωθεί, αντί να συμμορφωνόμαστε με την κομφορμιστική νοοτροπία της κοινωνίας.

Η πιο προκλητική και ισχυρή συνειδητοποίηση στη ζωή είναι ότι οι περισσότεροι άνθρωποι, με ελάχιστες εξαιρέσεις, δεν είναι πραγματικά ζωντανοί. Ζουν σε μια κατάσταση μεταξύ των αναμνήσεων του παρελθόντος και των υποχρεώσεων του μέλλοντος. Χωρίς να κατανοούν το νόημα της ζωής, παραμένουν τυφλοί απέναντι στις δυνατότητες πέρα από την περιορισμένη προοπτική τους. Αυτή η στενή οπτική διαμορφώνει την ταυτότητά τους, τη συμπεριφορά τους και τις αφηγήσεις που λένε στον εαυτό τους και στους άλλους για να δικαιολογήσουν τις πράξεις τους. Όσο πιο αδαείς αισθάνονται, τόσο πιο σημαντικοί πιστεύουν ότι είναι οι ίδιοι. Η αίσθηση της σημαντικότητάς τους ενισχύεται από την άγνοια των άλλων. Πιστεύουν ότι αν ένας μεγάλος αριθμός ανθρώπων επικυρώνει τα ψεύδη στα οποία προσκολλώνται, αυτό αυξάνει κατά κάποιο τρόπο τη σημασία τους.

Αυτή η ανάγκη να ανήκουν στην πλειοψηφία κάνει τους ανθρώπους ευάλωτους στη χειραγώγηση, και από αυτή τη δυναμική προκύπτει η υπερηφάνεια. Για παράδειγμα, κατά τη διάρκεια της πανδημίας του κοροναϊού, πολλοί αισθάνθηκαν ικανοποιημένοι που ανήκαν στην πλειοψηφία που έλαβε το εμβόλιο. Αυτό το συναίσθημα θα είχε μειωθεί αν ανήκαν στη μειοψηφία που το αρνήθηκε, αλλά και στις δύο περιπτώσεις βασίζονταν αποκλειστικά στις υποδείξεις έγκυρων προσώπων που, σε όλη την ιστορία, έχουν πει ψέματα και έχουν βλάψει τους ίδιους τους ανθρώπους τους στο όνομα των σοσιαλιστικών ιδεωδών.

Στην πραγματικότητα, η Ατζέντα 21, ένα σχέδιο βιώσιμης ανάπτυξης που υπογράφηκε από 178 κυβερνήσεις, συζητά τη σημασία της υγειονομικής περίθαλψης και των εμβολίων ως μέρος μιας ευρύτερης στρατηγικής για τη μείωση της φτώχειας και την καταπολέμηση του υπερπληθυσμού. Το έγγραφο συνδέει συστηματικά τις υπηρεσίες υγείας με τη βιώσιμη ανάπτυξη. Ωστόσο, πώς μπορούν να συνδεθούν αυτά τα δύο ζητήματα αν θέλουμε πραγματικά οι άνθρωποι να είναι πιο υγιείς και να ζουν περισσότερο;

Το να χαρακτηρίσουμε όσους βλέπουν το προφανές ως τρελούς ή θεωρητικούς συνωμοσίας δεν ακυρώνει την παράλογη υπόθεση ότι περισσότερη υγειονομική περίθαλψη θα λύσει τα προβλήματα του υπερπληθυσμού και της φτώχειας, εκτός αν αποφεύγουμε σκόπιμα να συζητήσουμε την αργή γενοκτονία μέσω προγραμμάτων υγειονομικής περίθαλψης. Θα πρέπει να είσαι απίστευτα αφελής για να μην το δεις αυτό, αλλά οι περισσότεροι άνθρωποι είναι, γι' αυτό και τα έγγραφα αυτά αγνοούνται από τη συντριπτική πλειοψηφία, αποδεικνύοντας ότι ο πολιτισμός δεν έχει μάθει τίποτα από ιστορικά και άλλα εξίσου αφελή λάθη. Η πλειοψηφία είναι τόσο αποφασισμένη να μη θεωρηθεί αδαής που καταλήγει να κάνει ακριβώς αυτό που κάνει ένας αδαής: να αγνοεί τη λογική.

Αναλογιζόμενος τις δικές μου εμπειρίες ως μαθητής, θυμάμαι να με αποβάλλουν από την τάξη επειδή δεν ακολουθούσα ορισμένους κανόνες ή επειδή γελούσα πολύ. Το γέλιο μου φαινόταν να προσβάλλει πολλούς καθηγητές, οι οποίοι πίστευαν ότι η τάξη έπρεπε να είναι ένας τόπος πόνου. Οι συμμαθητές μου συχνά με έβλεπαν να φεύγω από την αίθουσα χαμογελώντας και συμπεριφέρονταν σαν να είχα διαπράξει κάποιο έγκλημα. Αναγνώριζαν ότι απλώς αντιστεκόμουν σε άδικους κανόνες ή εξέφραζα χαρά, αλλά έβλεπαν εμένα ως τον λάθος άνθρωπο, όχι τους ίδιους. Αργότερα, όταν έλαβαν τα αποτελέσματα των εξετάσεών τους, είδαν αυτά τα χαρτιά ως οριστικές αναπαραστάσεις των δυνατοτήτων τους, επιτρέποντας στο εκπαιδευτικό σύστημα να υπαγορεύσει το μέλλον τους.

Ως εκπαιδευτικός, βίωσα μια παρόμοια κατάσταση. Οι μαθητές μου συχνά γελούσαν με τα αστεία μου, με αποτέλεσμα κάποιοι να πιστεύουν ότι τα μαθήματά μου δεν ήταν τόσο σοβαρά όσο εκείνα άλλων καθηγητών. Ωστόσο, οι μαθητές ήταν πάντα εξαιρετικοί: γρήγοροι, ικανοί και με υψηλά κίνητρα. Σε αντίθεση με πολλούς αποφοίτους που ένιωθαν χωρίς κίνητρα στη ζωή, οι μαθητές μου ταξίδευαν πολύ, συνέχιζαν περαιτέρω σπουδές και παρέμεναν πρόθυμοι να μάθουν περισσότερα για τον κόσμο. Κέρδισαν πολυάριθμα βραβεία και βρήκαν τις καλύτερες δουλειές, επειδή το μυαλό τους ήταν ξύπνιο και έτοιμο για το απαραίτητο ταξίδι που θα ακολουθούσε.

Κεφάλαιο 24: Ελευθερώνοντας την ψευδαίσθηση

Ο ανεμοστρόβιλος των ψευδαισθήσεων κρατά το πνευματικό ον μπλεγμένο στα ψέματα που κατασκευάζει ο ίδιος ο νους του. Αυτή η εμπλοκή μπορεί να διαρκέσει μια ζωή και να επεκταθεί σε πολλές ζωές, παγιδεύοντας το άτομο σε καρμικούς κύκλους και εμποδίζοντάς το να συνειδητοποιήσει την ικανότητά του να δημιουργεί το δικό του πεπρωμένο. Όταν αυτή η δυνατότητα καλλιεργείται, ο φόβος συχνά οδηγεί το άτομο στην αναζήτηση της ασφάλειας και όχι της αλλαγής. Σε περιόδους φόβου, οι άνθρωποι προσκολλώνται πιο σφιχτά σε αυτό που έχουν. Η απάντηση βρίσκεται στο να αγκαλιάσουν την αλλαγή και να ξεκινήσουν από την αρχή, αλλά πολλοί αδυνατούν να το δουν αυτό, γεγονός που τους εμποδίζει να κατανοήσουν τις προκλήσεις στη ζωή τους.

Επιπλέον, όταν η ζωή είναι άνετη, οι άνθρωποι συχνά αντιστέκονται στη δυσφορία που μπορεί να προκαλέσει η αλλαγή. Απορρίπτουν κάθε ευκαιρία να ξεφύγουν από τους κύκλους στους οποίους βρίσκονται. Είναι συχνά μέσω της ασθένειας και του θανάτου που αυτοί οι κύκλοι σπάνε, συχνά μόνιμα. Τα νέα ξεκινήματα που θα έπρεπε να συμβαίνουν στη ζωή συνήθως εκδηλώνονται αργότερα μέσω της αναγέννησης. Ένα άτομο μπορεί να βρεθεί αντιμέτωπο με ένα νέο πλαίσιο - διαφορετική οικογένεια, εθνικότητα και συνθήκες - και να αναγκαστεί να ξαναμάθει τα μαθήματα στα οποία προηγουμένως αντιστάθηκε.

Για παράδειγμα, κάποιος που ήθελε να ταξιδέψει στην Ινδία, αλλά φοβόταν τα εμπόδια επικοινωνίας ή τη μοναξιά, μπορεί να ξαναγεννηθεί στην Ινδία και να βιώσει τόσο τις επιθυμίες του όσο και τους φόβους του. Ομοίως, ένα άτομο που προσκολλήθηκε στον πλούτο και ζούσε σε ένα κάστρο περιτριγυρισμένο από υπηρέτες μπορεί να ξαναγεννηθεί στη φτώχεια και να μάθει να παίρνει βοήθεια από τους άλλους, όχι μέσω των χρημάτων, αλλά μέσω της προσωπικότητάς του. Ωστόσο, αυτό δεν εγγυάται ότι οι άνθρωποι θα πάρουν τα απαραίτητα μαθήματα. Οι περισσότεροι απλώς κοιτάζουν τις δυσάρεστες εμπειρίες τους και καταλήγουν στο συμπέρασμα ότι αυτό που έχουν είναι το μόνο που μπορούν να πετύχουν, χωρίς ποτέ να τολμήσουν κάτι νέο ή διαφορετικό. Πολλοί δεν έχουν ταξιδέψει ποτέ σε άλλη πόλη της χώρας τους και λίγοι γνωρίζουν όλες τις εθνικές πόλεις ή τις γειτονικές χώρες. Κάποιοι μάλιστα πιστεύουν ότι τα ταξίδια απαιτούν πλούτο, πράγμα που αποτελεί εσφαλμένη αντίληψη.

Αν και η ελευθερία απαιτεί κάποιους οικονομικούς πόρους, δεν απαιτεί μια περιουσία. Το κόστος ζωής αλλού είναι σχετικά χαμηλό- ένα άτομο με μόλις 5.000 δολάρια το μήνα μπορεί να ταξιδέψει οπουδήποτε στον κόσμο και να ζήσει σαν ντόπιος. Αν και τα 5.000 δολάρια μπορεί να φαίνονται σημαντικά, είναι κυρίως επειδή οι περισσότεροι άνθρωποι στον κόσμο δεν έχουν πρόσβαση σε αυτά. Για κάποιον που γεννήθηκε πριν από 50 χρόνια, όταν το κόστος ζωής ήταν χαμηλότερο, το ποσό αυτό θα φαινόταν ακόμη πιο σημαντικό. Στις μέρες μας, το να είσαι εκατομμυριούχος είναι τόσο συνηθισμένο που δεν τραβάει σχεδόν καθόλου την προσοχή. Η νέα φιλοδοξία είναι να γίνει κάποιος δισεκατομμυριούχος, και στο μέλλον θα είναι οι τρισεκατομμυριούχοι που θα τραβήξουν την προσοχή. Αυτή η αλλαγή στην εστίαση οφείλεται σε μεγάλο βαθμό στη μείωση της αξίας του χρήματος με την πάροδο του χρόνου, που προκαλείται από τον πληθωρισμό.

Η ζωή γίνεται πιο δύσκολη για την πλειονότητα, η οποία δεν είναι καλά εξοπλισμένη για έναν κόσμο που μένει πίσω, ενώ εκείνοι που αντιμετωπίζουν τις δυσκολίες και αγκαλιάζουν την καινοτομία ξεκινούν ταξίδια προς τον πλούτο και την ελευθερία. Εγώ σίγουρα καρπώνομαι τους καρπούς πολλών ετών σκληρής δουλειάς, ενώ βλέπω μέλη της οικογένειάς μου που ποτέ δεν με βοήθησαν από εγωισμό να πεθαίνουν μέσα στη μιζέρια και πολλούς φίλους να μην καταφέρνουν να πετύχουν στη ζωή, παρά τα πανεπιστημιακά τους πτυχία. Ακόμη και οι μαθητές μου, που δεν με έπαιρναν στα σοβαρά όταν τους δίδασκα σημαντικά μαθήματα για τη ζωή, τώρα λένε ότι θέλουν να έχουν την ίδια ζωή με μένα, επειδή νιώθουν παγιδευμένοι σε μια ζωή που δεν θέλουν, παρά τις προειδοποιήσεις μου ότι δεν ήταν η καλύτερη επιλογή.

Σε μια παγκόσμια οικονομία, οι μέθοδοι δημιουργίας πλούτου είναι πιο σχετικές και δεν μπορούμε πλέον να χρησιμοποιούμε τις μεθόδους με τις οποίες ευημερούσαν οι πρόγονοί μας. Στην πραγματικότητα, είναι ανόητο να πιστεύουμε και να περιμένουμε από μια κυβέρνηση να επιφέρει την αλλαγή, αντί να την επιδιώκουμε μέσω της μετανάστευσης. Για παράδειγμα, η έναρξη μιας επιχείρησης στην Ευρώπη μπορεί να απαιτεί σημαντική προσπάθεια, ενώ το ίδιο εγχείρημα μπορεί να είναι σχετικά εύκολο αλλού. Αυτή η ανισότητα πηγάζει από τις διαφορετικές δομές που διευκολύνουν ή εμποδίζουν την πρόσβαση στον πλούτο στις διάφορες περιοχές.

Στην Ευρώπη, η πρόσβαση στον πλούτο έχει ιστορικά περιοριστεί για να εμποδίσει τις κατώτερες τάξεις να ανταγωνιστούν τις ανώτερες τάξεις. Στις Ηνωμένες Πολιτείες, από την άλλη πλευρά, ο ανταγωνισμός αποτελεί θεμελιώδη πτυχή της ευημερίας του έθνους. Η ανάπτυξη των Ηνωμένων Πολιτειών έμεινε στάσιμη όταν οι ανώτερες τάξεις εμπόδισαν την πρόσβαση των κατώτερων τάξεων στον πλούτο. Αυτός ο αγώνας εξηγεί γιατί κοινωνικά ζητήματα όπως ο ρατσισμός και οι διακρίσεις είναι τόσο ευαίσθητα στις ΗΠΑ. Η ίδια η ταυτότητα του έθνους διακυβεύεται και η χώρα θα μπορούσε να αντιμετωπίσει ένα ζοφερό μέλλον όσο δεν υπάρχει ταυτότητα που να αγκαλιάζει τη διαφορετικότητα. Αναπτυσσόμαστε μέσω της ποικιλομορφίας και της καινοτομίας, και οι Ηνωμένες Πολιτείες, ο Καναδάς, η Σιγκαπούρη, η Ελβετία και η Αυστραλία αποτελούν καλά παραδείγματα αυτού. Παραπαίουν μόνο όταν ξεχνούν αυτή τη θεμελιώδη αλήθεια.

Κεφάλαιο 25: Η δύναμη της φαντασίας

Ο μεγαλύτερος φόβος πολλών είναι ο φόβος του να μην έχουν τίποτα. Ωστόσο, υπάρχει μια μοναδική ευλογία στο να μην έχεις καμία προσκόλληση - να μην έχεις τίποτα να φοβάσαι ότι θα χάσεις - και τη δυνατότητα να ξεκινήσεις από την αρχή. Οι σοφότεροι άνθρωποι στην ιστορία, από διάφορους μοναχούς μέχρι τους μεγαλύτερους Έλληνες φιλοσόφους, επιδίωξαν να κατέχουν λίγα πράγματα, επειδή κατανόησαν αυτή τη βαθιά αλήθεια. Αναγνώρισαν ότι το φως διέπεται από το σκοτάδι ή, όπως υποδηλώνουν οι ινδουιστικές γραφές, το ορατό αναδύεται από το αόρατο: το άτομο υπάρχει μέσα στο μόριο, το οποίο επηρεάζεται από το συνειδητό μυαλό. Για να αφυπνίσει ο νους τις δυνατότητές του να αλλάξει την πραγματικότητα, πρέπει πρώτα να είναι ελεύθερος. Μόνο όταν ο νους αισθάνεται ελεύθερος μπορεί να αναγνωρίσει και να δράσει σύμφωνα με τις δυνατότητές του. Αυτή η ελευθερία προέρχεται από την αυτογνωσία και την κατανόηση των νόμων του σύμπαντος.

Για όσους δεν τους κατανοούν, ο πλούτος και η φτώχεια μπορεί να φαίνονται σαν αντίθετες καταστάσεις ύπαρξης, που η καθεμία προσφέρει έναν διαφορετικό τρόπο να βιώνει κανείς την πραγματικότητα. Ωστόσο, αυτή η διάκριση έχει νόημα μόνο αν θεωρήσουμε το χρήμα ως μέσο για έναν σκοπό. Όταν εξετάζουμε αυτή τη διάκριση μέσα από το φακό της ευκαιρίας και της σχέσης μας με τον φυσικό κόσμο και όσους συμμετέχουν σε αυτόν, βλέπουμε ότι εκδηλώνεται με τρόπους πολύ πέρα από αυτό που παρουσιάζει ο φυσικός κόσμος. Ένας άνθρωπος μπορεί να μας δανείσει τα χρήματα που χρειαζόμαστε, μια τράπεζα μπορεί να μας δώσει δάνειο και εμείς μπορούμε να δημιουργήσουμε πολύτιμες ιδέες που αναγνωρίζονται από την κοινωνία και μας επιτρέπουν να τα αποκτήσουμε.

Μέσω των ιδεών μας και της ικανότητάς μας να παρατηρούμε την πραγματικότητα πραγματολογικά, μπορούμε να επιτύχουμε στόχους που προηγουμένως φάνταζαν αδύνατοι, τουλάχιστον σύμφωνα με το κοινωνικό πλαίσιο στο οποίο ήμασταν εκτεθειμένοι. Μπορούμε επομένως να πούμε ότι η φαντασία είναι η πιο ισχυρή ανθρώπινη ικανότητα: ό,τι μπορείς να φανταστείς, μπορείς να το πετύχεις. Στην πραγματικότητα, είναι ο καλύτερος τρόπος για να αναπτύξουμε νευρολογικές οδούς που βελτιώνουν την αντίληψή μας για το είδος της ζωής που θέλουμε να έχουμε. Οι φανταστικές μας ικανότητες καθοδηγούν την ανάπτυξη του εγκεφάλου μας, βοηθώντας μας να βρούμε δυνατότητες. Για το λόγο αυτό, μπορούμε να πούμε ότι το μυαλό, ως πηγή της φαντασίας μας, έχει την ικανότητα να μεταβάλλει τη νοημοσύνη μας και να αυξάνει τις δυνατότητές μας για επιτυχία.

Πολλοί αθλητές το έχουν ανακαλύψει αυτό και έχουν χρησιμοποιήσει τη φαντασία τους για να προετοιμαστούν νοητικά για τους στόχους που έχουν μπροστά τους. Μπορείτε να χρησιμοποιήσετε την ίδια αρχή για να αποκτήσετε πρόσβαση σε εναλλακτικές πραγματικότητες. Αν μπορείτε να φανταστείτε τον εαυτό σας να μιλάει με τον άλλο σας εαυτό, ο οποίος υπάρχει σε μια εναλλακτική πραγματικότητα στην οποία είστε αυτός που θέλετε να είστε, μπορείτε να αποκτήσετε γνώσεις σχετικά με αυτόν τον εαυτό που μπορεί να είναι δύσκολο να κατανοήσετε ή να απορρίψετε ως απλή φαντασίωση. Αυτή η μεταγνωστική ικανότητα σας επιτρέπει να συνειδητοποιήσετε πράγματα που προηγουμένως βρίσκονταν εκτός του φάσματος της αυτογνωσίας σας. Επιπλέον, όταν η φαντασία παρέχει τις απαντήσεις που αναζητούμε, γίνεται τόσο απτή όσο οποιοδήποτε άλλο στοιχείο της υλικής πραγματικότητας.

Σκεφτείτε, για παράδειγμα, ότι πριν πάρετε μια απόφαση, μπορείτε να φανταστείτε τα δύο αποτελέσματα, παίρνοντας μια γεύση από ένα χρονοδιάγραμμα στο οποίο ο μελλοντικός σας εαυτός βιώνει ήδη αυτό που ο σημερινός σας εαυτός δεν έχει δει ακόμα. Με αυτόν τον τρόπο, μπορείτε να μιλήσετε σε αυτόν τον μελλοντικό εαυτό και να τον ρωτήσετε πώς αισθάνεται, αποκτώντας μια βαθύτερη εικόνα του τεράστιου αποθέματος γνώσεων που βρίσκεται στο υποσυνείδητο μυαλό του. Επιπλέον, αυτή η άσκηση μπορεί να ξυπνήσει τη δυνατότητα να ονειρεύεστε προαισθήματα ενώ κοιμάστε, επιτρέποντάς σας να ανακαλύψετε μυστικά που οι άλλοι μπορεί να μην σας αποκαλύψουν ποτέ, συμπεριλαμβανομένων κρυφών σχεδίων εναντίον σας. Συχνά, κατά τη διάρκεια του ύπνου, λαμβάνουμε προειδοποιήσεις για πράγματα που δεν γνωρίζουμε στην καθημερινή μας ρουτίνα, γεγονός που μας επιτρέπει να προετοιμαστούμε για πιθανές συνωμοσίες εναντίον μας.

Αυτό το φαντασιακό δυναμικό διευρύνει τη συνείδηση, υπερβαίνοντας αυτό που η φαντασία μπορεί να σκεφτεί. Χρησιμοποιώντας τη φαντασία σας συχνά και σκόπιμα, μπορείτε να ανακαλύψετε δυνατότητες και να προετοιμαστείτε καλύτερα νοητικά και συναισθηματικά για μελλοντικές προκλήσεις. Όταν παίρνετε μια απόφαση, απλά ρωτήστε τον εαυτό σας: «Ποιο είναι το χειρότερο πράγμα που θα μπορούσε να συμβεί;». Είμαι προετοιμασμένος γι' αυτό;

Καθώς το εκπαιδευτικό σύστημα καταπιέζει γενικά αυτή τη δεξιότητα, υποτιμώντας τις δυνατότητες της τέχνης και της δημιουργικής έκφρασης, πρέπει να την αναπτύξουμε στην ενήλικη ζωή. Μπορούμε να καθιερώσουμε μια πρωινή τελετουργία με το να φανταζόμαστε το είδος της ζωής που θέλουμε και να ρωτάμε τον άλλο μου εαυτό, σε μια παράλληλη πραγματικότητα, ποιος είναι και τι έκανε για να αποκτήσει αυτά τα πράγματα. Οι σκέψεις που εισρέουν στο μυαλό μας από αυτόν τον άλλο κόσμο, από αυτό το εναλλακτικό μέλλον, θα εμφανιστούν σε πραγματικό χρόνο, επειδή το μυαλό δεν έχει έννοια του χρόνου.

Οι τηλεπαθητικές μας ικανότητες εκδηλώνονται τη στιγμή που κάνουμε ερωτήσεις, αν και μπορεί να χρειαστεί κάποιος χρόνος για να μάθουμε να αναγνωρίζουμε τις σκέψεις που μας έρχονται. Αρχικά εκδηλώνονται ως ενέργεια και δόνηση, οι οποίες πρέπει να αποκωδικοποιηθούν μέσω των συναισθημάτων μας.

Η τηλεπάθεια δεν είναι μια εμπειρία λέξη προς λέξη, αλλά μάλλον μια αποκωδικοποίηση συμβόλων, νοημάτων και συναισθημάτων που μετατρέπουμε σε λέξεις στο μυαλό μας. Είναι σαν να βλέπουμε μια πόρτα και να ξέρουμε τι σημαίνει χωρίς να χρειάζεται να προφέρουμε λεκτικά τη λέξη «πόρτα» πριν τη χρησιμοποιήσουμε. Στην καθημερινή μας ζωή, εκτελούμε πολλές εργασίες που δεν λεκτικοποιούνται. Η τηλεπάθεια λειτουργεί σύμφωνα με τις ίδιες

αρχές όταν επικοινωνούμε μέσω των άλλων εκφράσεών μας σε
παράλληλους κόσμους.

Κεφάλαιο 26: Η ψυχική φυλακή της εκπαίδευσης

Το σύστημα που έχουν φτιάξει τα ανθρώπινα όντα για τον εαυτό τους λειτουργεί σαν μια νοητική φυλακή που διαμορφώνει τη συνείδηση όσων εκπαιδεύονται σε αυτό. Προσαρμόζει τα άτομα να σκέφτονται και να συμπεριφέρονται με τον ίδιο τρόπο, δημιουργώντας μια ομοιομορφία που πολλοί δεν αναγνωρίζουν ως προβληματική. Αντιθέτως, οι άνθρωποι συχνά υπερηφανεύονται ότι είναι αντίγραφα ο ένας του άλλου, μοιράζονται τις ίδιες πεποιθήσεις, βιώνουν παρόμοια αποτελέσματα και περνούν τα ίδια δράματα. Έχουν εξομαλύνει τη ζωή τους, καταναλώνοντας ακόμη και μέσα ενημέρωσης που αντανακλούν τις δικές τους εμπειρίες.

Επιπλέον, οι άνθρωποι έχουν μάθει να αποδέχονται τις καθημερινές προκλήσεις που αντιμετωπίζουν, χωρίς να βλέπουν κάτι κακό σε αυτό. Πολλοί μου έχουν πει ότι η ζωή χωρίς προβλήματα είναι βαρετή, γεγονός που δείχνει ότι προσδίδουν νόημα στους αγώνες τους. Αυτό θα έπρεπε να θεωρείται αφύσικο, αλλά δεν είναι, επειδή οι άνθρωποι που έχουν αυτές τις πεποιθήσεις είναι συνήθως εξαρτημένοι από το ίδιο το σύστημα που τις διαιωνίζει. Η αλλαγή πρέπει να λάβει χώρα μέσα στο άτομο πριν μπορέσει να δει τα ελαττώματα στον τρόπο σκέψης του.

Οι άνθρωποι ξεχνούν ότι οι λύσεις που βρίσκουν είναι απλώς αντανάκλαση των προβλημάτων που δημιουργεί το ίδιο σύστημα, επειδή είναι τόσο πολύ εξαρτημένοι από αυτό που το ξεχνούν. Πολλοί άνθρωποι, για παράδειγμα, παραπονιούνται ότι τα σχολεία τους μαθαίνουν μόνο να αποστηθίζουν άσχετα θέματα. Ωστόσο, αυτό ακριβώς απαιτεί το σύστημα: ανθρώπους ικανούς να απομνημονεύουν πληροφορίες που έχουν μικρή αξία για τη ζωή τους, ουσιαστικά μορφωμένα ρομπότ που μπορούν να αναπαράγουν τον κόσμο όπως είναι, χωρίς να τον αμφισβητούν ή να τον αλλάζουν. Το σύστημα αναγκάζει τους ανθρώπους να συμμορφώνονται με την πραγματικότητα που θέλει να διαιωνίσει. Το πρόβλημα, επομένως, δεν είναι η ίδια η εκπαίδευση, αλλά οι προσδοκίες που έχουν οι άνθρωποι από αυτήν. Τόσο οι εκπαιδευτικοί όσο και οι μαθητές προσπαθούν να διατηρήσουν μια κοινωνία που αντιστέκεται στην αλλαγή, δίνοντας προτεραιότητα στην απομνημόνευση έναντι της κριτικής σκέψης. Αυτή η δομή είναι το θεμέλιο της κοινωνίας, και γι' αυτό συντηρείται.

Όσοι έχουν πάρα πολλές ιδέες, αμφισβητούν πάρα πολλά και αρνούνται να προσαρμοστούν στις οικείες πραγματικότητες θεωρούνται γενικά ακατάλληλοι για το σύστημα. Ως αποτέλεσμα, οι μαθητές με ακαδημαϊκές δυσκολίες συχνά εσωτερικεύουν την πεποίθηση ότι δεν είναι ικανοί ή ευφυείς. Αυτή η ιδέα είναι ένα ψεύδος που διαιωνίζεται από το εκπαιδευτικό σύστημα. Πολλοί ικανοί μαθητές απλώς δεν ταιριάζουν στο καλούπι του υπάκουου μαθητή- διαπρέπουν στην ανεξαρτησία και, με τη σωστή καθοδήγηση, μπορούν να επιτύχουν σημαντική οικονομική επιτυχία.

Έχω γνωρίσει αρκετούς μαθητές που δυσκολεύονταν με το συμβατικό εκπαιδευτικό μοντέλο, αλλά που μπορούσαν να μάθουν γρήγορα αν τους δίνονταν τα εργαλεία για να σκέφτονται κριτικά. Είμαι ένας από αυτούς τους ανθρώπους. Ποτέ δεν ήμουν καλός μαθητής- έβλεπα πάντα το σχολείο ως χάσιμο χρόνου και τους καθηγητές ως αναποτελεσματικούς και αλαζόνες. Ωστόσο, επειδή ο τρόπος διδασκαλίας μου ήταν διαφορετικός από τον καθιερωμένο, λίγοι μαθητές έβλεπαν τα οφέλη της μάθησης από εμένα. Οι περισσότεροι άνθρωποι είναι τόσο βαθιά ριζωμένοι στις αναλήθειες που θεωρούν ότι η αλήθεια τους φαίνεται παράξενη και μπορεί ακόμη και να τους φαίνεται λάθος. Ως αποτέλεσμα, σταμάτησα να σπαταλάω τον χρόνο μου διδάσκοντας εκείνους που δεν ήταν πρόθυμοι να μάθουν, επειδή λίγοι μαθητές αναγνώριζαν την αξία μου.

Η διαδικασία αξιολόγησης στην εκπαίδευση ενσαρκώνει την υποκρισία ενός συστήματος που αναγκάζει τους μαθητές να βρίσκουν λύσεις σε προβλήματα που το ίδιο ορίζει ως σχετικά. Δεν αποτελεί έκπληξη, λοιπόν, το γεγονός ότι τα παιδιά βλέπουν το σχολείο ως υποχρέωση και θυσία- οτιδήποτε άλλο θα τους φαινόταν αφύσικο. Αυτή η μέθοδος μάθησης διακόπτει τη φυσική εξέλιξη του νου, ο οποίος τελικά δεν έχει άλλη εναλλακτική λύση από αυτή τη διαδικασία. Τυχόν απροσδόκητες συνειδητοποιήσεις που προκύπτουν κατά τη διάρκεια της υποχρέωσης για μελέτη, οι οποίες σχετίζονται με το μοναδικό σύμπαν του ατόμου, γενικά δεν εκτιμώνται. Ως αποτέλεσμα, όσοι πετυχαίνουν και πηγαίνουν στο πανεπιστήμιο δεν είναι απαραίτητα οι καλύτεροι μεταξύ μας, αλλά μάλλον οι πιο επιδέξιοι στο να εφαρμόζουν το σύστημα χωρίς να το αλλάζουν.

Η μάθηση που απαιτεί το πνεύμα από τον έξω κόσμο εκδηλώνεται συνήθως μέσω υποδείξεων, δηλαδή μιας απροσδόκητης σύμπτωσης στο περιβάλλον που δεν αντιστοιχεί στην τρέχουσα κατάσταση του ατόμου. Θα μπορούσε να είναι μια συνάντηση με ένα απροσδόκητο πρόσωπο ή μια ευκαιρία που φαίνεται αδύνατη. Ωστόσο, αν δεν καλλιεργήσουμε την παιδική περιέργεια, θα αποτυγχάνουμε πάντα να αναγνωρίσουμε αυτές τις ευκαιρίες καθώς θα αναπτύσσουμε το μυαλό μας για να επιτύχουμε καλύτερα αποτελέσματα. Πολλοί αποτυγχάνουν να δράσουν επειδή δεν βλέπουν αυτό που δεν αναγνωρίζει το μυαλό τους. Η ανάγκη για δράση προκύπτει μόνο όταν συνδέεται με κάτι που είναι εγγενές στο άτομο.

Με άλλα λόγια, ένα άτομο θα ανταποκριθεί μόνο αν αντιληφθεί ένα όφελος και είναι πρόθυμο να το επιδιώξει. Αυτό είναι ένα κρίσιμο σημείο το οποίο συχνά διαφεύγει από τους υποστηρικτές των τεχνικών οπτικοποίησης. Πιστεύουν λανθασμένα ότι υπάρχει άμεση συσχέτιση μεταξύ του οραματισμού και της εκδήλωσης, αλλά για να είναι αυτό αληθινό, θα έπρεπε να αγνοήσει κανείς το μυαλό, την ατομικότητα και το ίδιο το πνεύμα στην αθάνατη συνείδησή του, κάτι που είναι παράλογο.

Κεφάλαιο 27: Οραματισμός και δυνατότητα

Οι τεχνικές οραματισμού χρησιμεύουν για να συνδέσουν το υποσυνείδητο με το συνειδητό μυαλό. Δημιουργούν συνειδητές συνήθειες που μας βοηθούν να εντοπίζουμε τις κατάλληλες ευκαιρίες στο περιβάλλον μας και μας επιτρέπουν να ενεργούμε πιο γρήγορα και με μεγαλύτερη ακρίβεια. Οι επιβεβαιώσεις λειτουργούν με παρόμοιο τρόπο. Για παράδειγμα, σκεφτείτε κάποιον που του έχουν πει επανειλημμένα: «Δεν θα πετύχεις ποτέ με αυτή την προσωπικότητα» ή «Το να γίνεις πλούσιος δεν είναι για φτωχούς ανθρώπους σαν εμάς». Όταν αυτοί οι άνθρωποι βρίσκουν τις σωστές ευκαιρίες, συνήθως τις χάνουν, επειδή έχουν μάθει να απορρίπτουν συνειδητά ό,τι έρχεται στο δρόμο τους. Έχω γίνει μάρτυρας αυτού του φαινομένου πολλές φορές και συχνά φαίνεται τόσο παράλογο που είναι δύσκολο να το πιστέψει κανείς.

Για παράδειγμα, πρόσφερα σε έναν φίλο μου την ευκαιρία να ταξιδέψει στην Κίνα και να αναπτύξει την επιχειρηματική του ιδέα, αλλά εκείνος την απέρριψε λόγω της απόστασης και του φόβου μήπως χάσει τον χρόνο των διακοπών του, καθώς είχε μόνο λίγες μέρες άδεια από τη δουλειά του. Ομοίως, όταν του πρόσφερα βιβλία για το πώς να δημιουργήσει μια επιχείρηση, δεν μπήκε καν στον κόπο να τα διαβάσει. Ωστόσο, το όνειρό του ήταν να γίνει ένας επιτυχημένος επιχειρηματίας. Όπως ήταν φυσικό, αυτό το όνειρο δεν υλοποιήθηκε ποτέ. Εκμεταλλεύτηκε τις ευκαιρίες και τις φιλοδοξίες που είχε μέσω εμού, αλλά κατέληξε να αποτύχει επειδή δεν ήταν διατεθειμένος να δώσει δύο εβδομάδες από τη ζωή του και ήταν πολύ τεμπέλης για να ταξιδέψει σε άλλη ήπειρο.

Οι περισσότεροι άνθρωποι απλώς δεν είναι διανοητικά προετοιμασμένοι να κυνηγήσουν αυτό που λένε ότι θέλουν στη ζωή. Οι πράξεις τους δεν ταιριάζουν με τα λόγια τους, γεγονός που αποτελεί σαφή ένδειξη ότι οι επιθυμίες τους δεν θα πραγματοποιηθούν ποτέ. Όποιοι άλλοι λόγοι κι αν σκαρφιστούν για να δικαιολογήσουν την αδράνειά τους είναι απλώς δικαιολογίες για να παραμείνουν στην παρούσα κατάστασή τους.

Σε αντίθεση με τον φίλο μου, εγώ δέχτηκα μια πρόταση εργασίας στην Κίνα, η οποία απέδιδε λιγότερα από τα μισά από όσα κέρδιζα σε μια εταιρεία πέντε λεπτά με τα πόδια από το σπίτι μου. Δέχτηκα τη δουλειά, η οποία βρισκόταν τέσσερις πτήσεις μακριά και σε μια πολύ κρύα πόλη, προτού να έχω τα χρήματα για να καλύψω τα έξοδα ταξιδιού μου. Ένα απροσδόκητο δάνειο από την τράπεζα ήρθε λίγες μέρες αργότερα, καθώς κανείς γνωστός μου δεν θα μου δάνειζε τα χρήματα, παρόλο που επέμενα ότι θα τα επέστρεφα αμέσως με τον μισθό μου. Καθώς είχα πολύ ελεύθερο χρόνο ως δάσκαλος στην Κίνα, έγραψα τα περισσότερα βιβλία μου εκεί. Λίγα χρόνια αργότερα, άφησα αυτή τη δουλειά για να γίνω συγγραφέας πλήρους απασχόλησης και να ταξιδέψω στον κόσμο.

Εν τω μεταξύ, αυτός ο φίλος παραμένει ακριβώς εκεί που ήταν πριν από 15 χρόνια, εξακολουθώντας να εργάζεται ως φύλακας, επειδή δεν μπόρεσε να αναπτύξει την επιχείρησή του ή να βρει μια δουλειά που να σχετίζεται με το πανεπιστημιακό του πτυχίο. Λίγο αργότερα, απέκτησε εμμονή να επισκέπτεται τον ψυχίατρο και να παίρνει ψυχοφάρμακα για να αντιμετωπίσει τη μίζερη ζωή του. Αυτός είναι ο ορισμός του αποτυχημένου. Ωστόσο, έγινε ο αποτυχημένος που είναι σήμερα με τη δική του ελεύθερη βούληση. Αναπόφευκτα γίνεσαι αυτό που ορίζεις τον εαυτό σου μέσα από τις συμπεριφορές, τα λόγια και τις επιλογές σου.

Πολλοί άνθρωποι πιστεύουν ότι η φτώχεια καθορίζει τα αποτελέσματά τους, αλλά δεν αποτελεί σοβαρό πρόβλημα- αντίθετα, είναι μια οικονομική κατάσταση που μπορεί να ξεπεραστεί μέσω της αναζήτησης ευκαιριών και γνώσεων. Το έχω δει αυτό ξανά και ξανά στη δική μου ζωή και στις ζωές των οπαδών μου. Ένας άνθρωπος δεν παραμένει φτωχός απλώς επειδή είναι φτωχός- παραμένει φτωχός επειδή δεν αναζητά ευκαιρίες για να μάθει, να βελτιωθεί και να αναπτύξει τις δεξιότητες που απαιτούνται για να επιτύχει τη δουλειά των ονείρων του.

Επιπλέον, πολλοί άνθρωποι πιστεύουν λανθασμένα ότι πρέπει να γνωρίζουν ποιο θα είναι το επόμενο βήμα στη ζωή τους και ότι αυτό το επόμενο βήμα θα καθορίσει ολόκληρη την ύπαρξή τους. Αυτή η υπόθεση είναι αλαζονική και κοντόφθαλμη, διότι οι άνθρωποι συχνά πετυχαίνουν πολύ περισσότερα απ' ό,τι συνειδητοποιούν σε διάφορους τομείς της ζωής. Οι καλύτερες ευκαιρίες που βρήκαν οι άνθρωποι που γνωρίζω δεν είχαν σχέση με αυτό που αρχικά πίστευαν ότι μπορούσαν να κάνουν- σε πολλές περιπτώσεις, ήταν δεξιότητες που έμαθαν μόνοι τους.

Η διαφορά μεταξύ αυτών των ανθρώπων και των απλών ανθρώπων είναι η προθυμία τους να μάθουν, να δοκιμάσουν, να αποτύχουν και να μάθουν από τα λάθη τους. Είναι επίσης ανοιχτοί στην αναζήτηση ευκαιριών σε όλο τον κόσμο, πηγαίνοντας όπου ανοίγουν οι πόρτες. Διασχίζουν ηπείρους και πετυχαίνουν πράγματα που οι ντόπιοι συχνά δυσκολεύονται να βρουν. Πολλοί από τους πρώην μαθητές μου έχουν βρει δουλειά σε χώρες όπου οι ντόπιοι δυσκολεύονται να βρουν δουλειά. Το πέτυχαν αυτό επειδή είχαν ανοιχτό μυαλό και έψαχναν για ευκαιρίες έξω από τη ζώνη άνεσής τους.

Υπάρχουν επίσης εκείνοι που είναι τόσο αποφασισμένοι να πετύχουν που δεν τα παρατάνε με τίποτα. Ένας από τους αναγνώστες μου μετακόμισε στην Αγγλία με φοιτητική βίζα και βρήκε αμέσως δουλειά ως σερβιτόρα σε εστιατόριο. Βρήκε τη δουλειά πηγαίνοντας από πόρτα σε πόρτα με αντίγραφα του βιογραφικού της. Αφού βρήκε τη δουλειά και τη βίζα, διατήρησε αυτόν τον τρόπο ζωής για όσο καιρό χρειάστηκε για να τελειώσει το πανεπιστήμιο. Στη συνέχεια βρήκε μια καλά αμειβόμενη δουλειά στο Λονδίνο, όπου ζει ακόμη.

Κεφάλαιο 28: Το ταξίδι προς την εκδήλωση

Οι λύσεις στα προβλήματά μας δεν είναι πάντα απλές. Συχνά πρέπει να περάσουμε από διάφορα στάδια προτού μπορέσουμε να εκδηλώσουμε τα όνειρά μας. Ωστόσο, αυτή η διαδικασία πραγματοποιείται μόνο όταν είμαστε διανοητικά προετοιμασμένοι. Επομένως, είναι απαραίτητο να οραματιζόμαστε και να επιβεβαιώνουμε τα επιθυμητά μας αποτελέσματα πριν αυτά υλοποιηθούν. Αυτό μπορεί να είναι τόσο απλό όσο το να βλέπουμε κάθε βράδυ εικόνες αυτού που θέλουμε και στη συνέχεια να κλείνουμε τα μάτια μας και να φανταζόμαστε τον εαυτό μας σε αυτές τις σκηνές. Οι φράσεις που επαναλαμβάνουμε στον εαυτό μας θα πρέπει να περιέχουν επιβεβαιώσεις που αυξάνουν το μαγνητικό μας δυναμικό για να προσελκύσουμε αυτό που θέλουμε. Για παράδειγμα, αν κάποιος ακούει εδώ και χρόνια ότι είναι φτωχός και δεν θα γίνει ποτέ πλούσιος, θα πρέπει να αντικαταστήσει αυτή τη φράση με κάτι σαν: «Είμαι φτωχός, αλλά μπορώ να γίνω πλούσιος». Στη συνέχεια θα πρέπει να επαναλαμβάνει συνεχώς: «Μπορώ να γίνω πλούσιος».

Μπορείτε πραγματικά να γίνετε πλούσιοι. Όλοι έχουν αυτή τη δυνατότητα- το μόνο που έχετε να κάνετε είναι να την αναγνωρίσετε μέσα σας και να διατηρήσετε τη δυναμική προς τον στόχο σας. Δεν έχει σημασία πόσος χρόνος χρειάζεται για να πραγματοποιήσετε τα όνειρά σας, γιατί είναι πάντα εφικτά. Πρέπει να σκεφτείτε τι πρέπει να αλλάξει μέσα σας για να επιταχύνετε τη διαδικασία. Σίγουρα, κάποιος που διαβάζει αχόρταγα έχει πολύ μεγαλύτερη ικανότητα κατανόησης από τον μέσο άνθρωπο που δυσκολεύεται να κατανοήσει την πραγματικότητά του, επειδή δεν μπορεί να δει αυτό που δεν καταλαβαίνει.

Πάντα επιτάχυνα τα αποτελέσματα στη ζωή μου, ακόμη και όταν όλα έμοιαζαν χαμένα και δεν υπήρχε ελπίδα, επειδή είμαι αχόρταγος αναγνώστης. Όταν οι 16 ώρες εργασίας την ημέρα δεν ήταν αρκετές για να καλύψω τα έξοδά μου και η ζωή μου φαινόταν ζοφερή, καταβρόχθιζα ό,τι μπορούσα να μάθω για την πίστη, τη μαγεία και τον αποκρυφισμό. Στη συνέχεια εφάρμοσα τις τεχνικές που είχα μάθει, αναζητώντας τις πιο αποτελεσματικές μεθόδους. Αν και ατελής, η αποφασιστικότητά μου και η πίστη μου στη διαδικασία με έφεραν τόσο κοντά στον στόχο μου που ο μόνος τρόπος να αποτύχω ήταν να αφήσω την ευκαιρία να περάσει.

Έκτοτε, έχω ξεπεράσει τις προκλήσεις που μου δημιουργούσαν άλλοι άνθρωποι λόγω διακρίσεων, ρατσισμού, φθόνου και άλλων αρνητικών συναισθημάτων. Εν τω μεταξύ, έχω παρατηρήσει ότι πολλοί άνθρωποι μπορούν να πετύχουν αυτό που θέλουν, αλλά απορρίπτουν τη δυνατότητα λόγω έλλειψης γνώσης ή φόβου. Δεν διαβάζουν τα βιβλία μου μόλις με γνωρίσουν ή φοβούνται να αλλάξουν. Το βρίσκω αυτό κάπως γελοίο, αλλά τελικά οι άνθρωποι είναι υπεύθυνοι για τη μοίρα τους. Γι' αυτό δεν προσπαθώ ποτέ να αποτρέψω κανέναν από το να ενεργήσει με βάση την άγνοιά του ή να τον πείσω να διαβάσει τα βιβλία μου.

Έχω συνειδητοποιήσει ότι πολλοί άνθρωποι είναι πολύ τυφλοί για να δουν την αξία αυτού που έχουν μπροστά τους, ακόμη και όταν προέρχεται από έναν συγγραφέα. Γελούν με αυτά που λέω και υποθέτουν ότι δεν είμαι ικανός να γράψω εκτενώς ή ότι δεν έχω σημαντικές γνώσεις, αλλά ενεργούν ενάντια στα δικά τους συμφέροντα. Αυτό που σκέφτονται για μένα δεν αλλάζει την πραγματικότητά μου, καθορίζει μόνο τους ίδιους και τα αποτελέσματά τους στη ζωή. Στην πραγματικότητα, δεν περιμένω τίποτα από κάποιον που με προσβάλλει- απλώς είναι πιστός στη φύση του. Θα ήμουν ανόητος αν περίμενα από έναν ηλίθιο να ενεργήσει διαφορετικά.

Οι περισσότεροι άνθρωποι είναι τόσο αποφασισμένοι να διατηρήσουν την τρέχουσα ζωή τους, ακόμη και αν λένε ότι θέλουν να αλλάξουν, που είναι χάσιμο χρόνου να προσπαθούμε να τους βοηθήσουμε. Για παράδειγμα, είχα έναν φίλο που ήταν εκπαιδευτής γυμναστικής και είχε διαβάσει πολλά για την ίδρυση μιας επιχείρησης. Μου έδειξε με υπερηφάνεια την εκτεταμένη συλλογή βιβλίων της πάνω στο θέμα. Αν και το βρήκα εντυπωσιακό, δεν ήταν αρκετό, καθώς δεν είχε στην πραγματικότητα επιχείρηση. Εκείνη την εποχή, είχα ένα ηλεκτρονικό κατάστημα αθλητικών ειδών που πήγαινε καλά, αλλά απορροφούσε πολύ από τον χρόνο μου και ήθελα να το πουλήσω. Αποφάσισα να προσφέρω την επιχείρηση στη φίλη μου, χωρίς δεσμεύσεις. Προς έκπληξή μου, εκείνη αρνήθηκε, ισχυριζόμενη ότι δεν καταλάβαινε τις διαδικτυακές επιχειρήσεις. Επέμεινα ότι μπορούσα να της εξηγήσω όσα έπρεπε να γνωρίζει και να τη βοηθήσω να τη μετατρέψει σε φυσική επιχείρηση, επιτρέποντάς της να πουλάει απευθείας στους πελάτες της στο γυμναστήριο. Ακόμα κι έτσι, απέρριψε την προσφορά.

Μήνες αργότερα, όταν έχασε τη δουλειά της στο γυμναστήριο και εργαζόταν προσωρινά ως ελεύθερη επαγγελματίας, της προσέφερα ξανά το ηλεκτρονικό κατάστημα, αλλά το απέρριψε και πάλι. Απέρριπτε μια χρυσή ευκαιρία να διευθύνει τη δική της επιχείρηση αθλητικών ειδών με τη βοήθειά μου. Γιατί, λοιπόν, διάβαζε τόσα πολλά βιβλία για το θέμα; Ποιο ήταν το νόημα όλων των τεχνικών του Νόμου της Έλξης αν απέρριπτε ευκαιρίες που της παρουσιάζονταν δωρεάν; Προφανώς, αυτή η γυναίκα δεν έκανε καμία αλλαγή στη ζωή της και, αρκετά χρόνια αργότερα, εξακολουθεί να κάνει ό,τι έκανε, δουλεύοντας τώρα σε ένα νέο γυμναστήριο, αλλά χωρίς να αναπτύσσει κανενός είδους επιχείρηση. Δεν είναι αλήθεια ότι η ανάγνωση βιβλίων είναι χάσιμο χρόνου, όπως πιστεύουν μερικοί άνθρωποι, αλλά όπως ακριβώς η δράση χωρίς γνώση είναι άχρηστη, χρειάζεστε και τα δύο. Το διάβασμα γίνεται χάσιμο χρόνου αν δεν εφαρμόζεις αυτά που έχεις διαβάσει.

Κεφάλαιο 29:
Ο φόβος της δυνατότητας

Ο κύριος λόγος για τον οποίο πολλοί άνθρωποι ζουν μια δυστυχισμένη ζωή είναι ο φόβος τους για τις ευκαιρίες που έρχονται στο δρόμο τους, ο οποίος πηγάζει από την έλλειψη νοητικής προετοιμασίας. Συχνά δεν έχουν επίγνωση του τι είναι δυνατό, ποιοι είναι ως άτομα και τι μπορούν να επιτύχουν. Ενώ κάποιοι αντιμετωπίζουν ατυχίες που φαίνονται μοναδικές γι' αυτούς, άλλοι προσελκύουν θετικές καταστάσεις που ξεφεύγουν από τους περισσότερους. Για παράδειγμα, μπορεί να σας φαίνεται αδύνατο να σας τηλεφωνήσει μια τράπεζα ξαφνικά για να σας προσφέρει χρήματα, αλλά μου συνέβη όταν το είχα περισσότερο ανάγκη. Έκτοτε, έχω βρεθεί σε αμέτρητες καταστάσεις όπου η εστίασή μου με οδήγησε ακριβώς εκεί που ήθελα, ακόμη και όταν οι ευκαιρίες αρχικά φαίνονταν ανέφικτες.

Ορισμένες εμπειρίες συμβαίνουν σε εσάς και σε κανέναν άλλον και δεν χρειάζεται να τις εξηγήσετε λογικά. Πολλοί άνθρωποι με ρωτούν πώς καταφέρνω να γράφω τόσα πολλά βιβλία τόσο γρήγορα, αλλά ποτέ δεν θα καταλάβουν γιατί δεν είναι σαν εμένα- δεν έχουν αυτό που χρειάζεται. Ό,τι κι αν πω, θα παραμείνουν αδαείς. Στην πραγματικότητα, έχω συνειδητοποιήσει ότι χάνω τον χρόνο μου εξηγώντας πώς γράφω βιβλία, επειδή οι άνθρωποι ακούνε και στη συνέχεια διαστρεβλώνουν τα λόγια μου ή εφευρίσκουν θεωρίες που δεν ανέφερα ποτέ.

Θυμάμαι μια συζήτηση με μια ηλικιωμένη γυναίκα σε μια θρησκευτική ομάδα, στην οποία εξήγησα ότι ήμουν λέκτορας πανεπιστημίου και είχα κάνει πολλή δουλειά ως σύμβουλος. Ανέφερα επίσης το εκτεταμένο διάβασμα και την έρευνα σε ιστορικές πληροφορίες. Ωστόσο, αυτή η παραπλανημένη γυναίκα είπε στην υπόλοιπη ομάδα ότι είχα αποκτήσει τις γνώσεις μου μέσω μαγικών αρχείων στον αέρα. Αυτές οι εμπειρίες με ενήλικες σε θρησκευτικές ομάδες με έκαναν να χάσω το ενδιαφέρον μου για τις συναντήσεις τους. Οι χριστιανοί με κατηγορούσαν ότι μιλούσα με δαίμονες, ενώ οι μασόνοι υπέθεσαν ότι μιλούσα με τα πνεύματα των νεκρών.

Το επίπεδο άγνοιας των ανθρώπων με έκανε να συνειδητοποιήσω ότι σπαταλούν τον χρόνο μου επειδή δεν με ακούνε. Αντ' αυτού, αναζητούν επιβεβαίωση των δικών τους πεποιθήσεων στα λόγια μου, διαστρεβλώνουν τις δηλώσεις μου και διαδίδουν ψευδείς φήμες που βασίζονται στις υποθέσεις τους, επειδή είναι πολύ αλαζόνες και αδαείς για να κατανοήσουν το μήνυμά μου. Εξαιτίας αυτών των εμπειριών, δεν αισθάνομαι πλέον την ανάγκη να εξηγήσω οτιδήποτε σχετικά με αυτό που κάνω.

Αφήνω τους αδαείς να παραμείνουν αδαείς και αποδέχομαι τη μοίρα τους, επειδή πάντα θα ενεργούν σύμφωνα με τη φύση τους. Στην πραγματικότητα, όλες οι θρησκευτικές ομάδες που έχω συναντήσει έχουν αποδειχθεί ότι είναι ένα πλήρες χάσιμο χρόνου, γεμάτες από άτομα που επινοούν ανοησίες και προσκολλώνται σε δόγματα και παρερμηνείες. Δεν καταλαβαίνουν τίποτα, ούτε καν τα ίδια τους τα κείμενα. Είναι άτομα που προσποιούνται ότι είναι σημαντικά, αλλά δεν είναι τίποτα περισσότερο από ψεύτικα. Ο Ροδόσταυρος, ο Χριστιανισμός, ο Τεκτονισμός και πολλές άλλες ομάδες, συμπεριλαμβανομένου του Βουδισμού, δεν είναι τίποτα περισσότερο από ένα τσίρκο με κλόουν. Το επίπεδο κατανόησής τους είναι τόσο χαμηλό που πρέπει να είσαι εξίσου ηλίθιος για να βρεις κάτι χρήσιμο μέσα στο χάος. Το μόνο θετικό στοιχείο που έχω παρατηρήσει σε θρησκευτικές ομάδες είναι όταν οι άνθρωποι κάθονται σιωπηλοί, καθώς ακόμη και οι ψαλμωδίες τους μπορεί να με εκνευρίσουν.

Παρόλο που δεν πρέπει ποτέ να αγνοείς αυτό που σου παρουσιάζεται, συχνά τα πράγματα που σου παρουσιάζονται σε οδηγούν μόνο προς την αντίθετη κατεύθυνση. Σε αυτό το συμπέρασμα κατέληξα μέσα από τις εμπειρίες μου με διάφορες θρησκευτικές ομάδες. Η άγνοια, οι αυταπάτες, η υποκρισία, τα ψέματα και η έλλειψη σεβασμού τους με έκαναν να συνειδητοποιήσω τη δική μου αξία και με οδήγησαν να γράφω όλο και πιο γρήγορα. Είναι αλήθεια ότι όλα έχουν έναν σκοπό, αλλά μερικές φορές αυτός ο σκοπός είναι απλώς να συνειδητοποιήσετε τη δική σας αξία. Όταν περιβάλλεστε από αδαείς ανθρώπους, δεν πρέπει να αισθάνεστε απογοητευμένοι, αλλά ενισχυμένοι.

Μετά από αυτές τις εμπειρίες, μετακόμισα στην Αλβανία, την Ελλάδα, τη Μαλαισία, τις Φιλιππίνες και την Ταϊλάνδη, όπου έγραφα πολύ και απολάμβανα τη ζωή στην παραλία. Μπορούν να σκέφτονται ό,τι θέλουν, για μένα δεν έχει σημασία. Ενώ η ζωή τους υπαγορεύεται από τις ψευδαισθήσεις του μυαλού τους, η δική μου είναι ανταποδοτική. Στην πραγματικότητα, δύο από τις πιο ανόητες ερωτήσεις που μου κάνουν συχνά οι άνθρωποι είναι: «Ποια είναι η καλύτερη θρησκεία;» και «Ποιον συγγραφέα προτείνετε;». Θεωρώ απίστευτο το γεγονός ότι γίνονται αυτές οι ερωτήσεις. Αξίζουν μόνο σιωπή.

Κάνουν ερωτήσεις με βάση την πραγματικότητα που γνωρίζουν. Αν είναι αλαζόνες, βλέπουν πολύ λίγα, οπότε οι ερωτήσεις τους συχνά δεν έχουν νόημα. Συχνά δεν έχουν καμία σχέση με την πραγματικότητα, αλλά με τις δικές τους πεποιθήσεις. Θυμώνουν όταν τους λέω την αλήθεια, επειδή τους λείπει η ενσυναίσθηση. Είναι πολύ αποφασισμένοι να αποδείξουν ότι έχουν δίκιο, πράγμα που είναι ανοησία. Αν κάνετε λάθος, πώς θα το ξέρετε αν συνεχίσετε να προσπαθείτε να βρείτε αποδείξεις για τις δικές σας λανθασμένες αντιλήψεις; Πολλοί άνθρωποι που δεν μπορούν να τραγουδήσουν, για παράδειγμα, θα πρέπει να το παραδεχτούν και να κάνουν μαθήματα τραγουδιού, αντί να αναγκάζουν τους άλλους να επιβεβαιώνουν και να αποδέχονται μια πραγματικότητα που δεν υπάρχει. Αν κάποιος δεν έχει ταλέντο, το καλύτερο που έχει να κάνει είναι να το παραδεχτεί και να εργαστεί για την αυτοβελτίωση, αντί να προσπαθεί να επιβάλει ένα αποτέλεσμα που δεν θα υλοποιηθεί ποτέ. Με τον ίδιο τρόπο, ένας άνθρωπος πρέπει πρώτα να αναγνωρίσει τις ανάγκες του πριν αναζητήσει, βρει και αποδεχτεί τη γνώση που θα τον βοηθήσει να επιτύχει τις επιθυμίες του.

Κεφάλαιο 30: Αντιμετώπιση του τραύματος

Πολλοί άνθρωποι δυσκολεύονται να μάθουν επειδή αντιστέκονται στην αλλαγή. Η αλλαγή μπορεί να είναι εκφοβιστική, με αποτέλεσμα οι άνθρωποι να προσκολλώνται σε βλαβερές συνήθειες για να αποφύγουν το αίσθημα της ντροπής. Για ορισμένους, χρειάζονται χρόνια για να αναγνωρίσουν μια σειρά από λάθη, ακόμη και όταν παρουσιάζονται με συνέπεια λύσεις. Αλλά ό,τι δεν αναγνωρίζει η συνείδηση, δεν το βλέπουν τα μάτια. Για να ξυπνήσει η συνείδηση, είναι απαραίτητη η επαρκής γνώση, η οποία μπορεί να αποκτηθεί μέσα από επαναλαμβανόμενες εμπειρίες με παρόμοια λάθη. Η αντίληψη εξελίσσεται μέσω της συγκριτικής ανάλυσης αυτών των εμπειριών, επιτρέποντας στο άτομο να τις αναγνωρίσει αργότερα. Μόνο τότε γίνεται αποδεκτή αυτή η αντίδραση, επειδή έχει αναγνωριστεί από το άτομο και έχει γίνει μέρος της κατανόησής του.

Στην ουσία, δεχόμαστε μόνο ό,τι αντιλαμβανόμαστε ως δικό μας, και ό,τι είναι σύμφωνο με την ταυτότητά μας το νιώθουμε αυθεντικό. Αυτός είναι ο λόγος για τον οποίο πολλά τραύματα παραμένουν θαμμένα στο ασυνείδητο: γενικά αρνούμαστε να αποδεχτούμε τα γεγονότα που έλαβαν χώρα στη ζωή μας. Η άρνηση αυτών των αναμνήσεών μας οδηγεί στο να αποφεύγουμε συστηματικά εμπειρίες που θα μπορούσαν να προκαλέσουν παρόμοια συναισθήματα, σε μια προσπάθεια να ξεφύγουμε από τον πιθανό φανταστικό πόνο. Κατά συνέπεια, τα άτομα που αρνούνται να αντιμετωπίσουν τα λάθη και τα τραύματά τους τείνουν να περιορίζουν τον φυσικό και ψυχικό τους χώρο από φόβο για την αλλαγή.

Αυτός ο φόβος επιτείνεται από την πεποίθηση ότι η ασφάλεια μπορεί να βρεθεί μόνο στην παρουσία άλλων ανθρώπων που παρέχουν ψυχολογική υποστήριξη. Η πεποίθηση αυτή προάγει τον φόβο της απομόνωσης, ο οποίος συνδέεται άρρηκτα με τον φόβο της αλλαγής. Όταν φοβόμαστε την αλλαγή, ουσιαστικά φοβόμαστε να ξεκινήσουμε από την αρχή χωρίς την υποστήριξη και τη συντροφιά άλλων ανθρώπων. Ως αποτέλεσμα, περιορίζουμε το συναισθηματικό μας δυναμικό, αρκούμενοι σε ό,τι είναι κοινό, γνωστό και προβλέψιμο.

Ωστόσο, η επιτυχία, η εκπλήρωση και η ευτυχία συχνά βρίσκονται πέρα από αυτούς τους φόβους. Επομένως, ο φόβος της απώλειας και της αποτυχίας συνδέεται στενά με το φόβο της επιτυχίας και της ευτυχίας. Στην πραγματικότητα, ο φόβος της δυστυχίας μπορεί να κάνει τους ανθρώπους να αποφεύγουν εντελώς την ευτυχία. Μπορεί να φοβούνται να γίνουν ευτυχισμένοι επειδή αυτή η διαδικασία μπορεί να τους οδηγήσει στην εμπειρία της δυστυχίας.

Όσο περισσότερα τραύματα έχει ένα άτομο στο παρελθόν του, τόσο περισσότερο προσπαθεί να τα αποκλείσει. Αυτή η προσπάθεια να ξεχάσουν αυτές τις εμπειρίες μπορεί να επηρεάσει τις επιλογές τους στο παρόν, οδηγώντας τους να αποφεύγουν πιθανούς κινδύνους που σχετίζονται με την αντιμετώπιση παρόμοιων τραυμάτων, νιώθοντας ενοχές και ντροπή. Πρόκειται για μια μορφή αυτοπροστασίας, αν και εις βάρος της προσωπικής ανάπτυξης, καθώς αρνείται τη δυνατότητα να αποκομίσει κανείς περισσότερα από τη ζωή. Τελικά, όμως, οι αναμνήσεις μας πρέπει να αντιμετωπίζονται μέχρι να πάψουν να έχουν συναισθηματικό αντίκτυπο, παρόλο που μπορεί να παραμείνουν στη μνήμη ενός ατόμου για μια ζωή - ή και για πολλές ζωές.

Μόνο όταν είμαστε σε θέση να αντιμετωπίσουμε τους φόβους μας μπορούμε τελικά να ανακαλύψουμε την ουσία μας. Με αυτή την κατανόηση, μπορούμε να επιμείνουμε στην υλοποίηση των δυνατοτήτων μας, όπως αυτές μας αποκαλύπτονται μέσα από τη φαντασία μας και τα όνειρα που λαχταράμε. Ό,τι επιθυμούμε να γίνουμε είναι μόνο μια επιλογή μακριά. Αλλά όλα ξεκινούν με την επιλογή να ονειρευτούμε.

Γλωσσάριο όρων

Τόλμη: η ικανότητα να παίρνουμε αποφάσεις γρήγορα και αποτελεσματικά, συχνά μπροστά στην αβεβαιότητα ή το φόβο. Σε αυτό το βιβλίο, η τόλμη αναφέρεται στο θάρρος και τη σοφία που απαιτούνται για τη λήψη τεκμηριωμένων αποφάσεων που οδηγούν στην επιτυχία και την προσωπική ανάπτυξη.

Η άγνοια ορίζεται ως η έλλειψη γνώσης ή επίγνωσης που συχνά οδηγεί σε λανθασμένες πεποιθήσεις και πράξεις. Η άγνοια συζητείται ως μια κοινή κατάσταση μεταξύ πολλών ανθρώπων, η οποία τους οδηγεί στο να παίρνουν κακές αποφάσεις και να αποτυγχάνουν να αναπτυχθούν προσωπικά. Το βιβλίο υπογραμμίζει τη σημασία της αναζήτησης της γνώσης και της σοφίας για την υπέρβασή της.

Κάρμα: μια πνευματική αρχή της αιτίας και του αποτελέσματος κατά την οποία οι πράξεις και οι προθέσεις επηρεάζουν τις μελλοντικές εμπειρίες. Στο πλαίσιο της προσωπικής ανάπτυξης και της λήψης αποφάσεων, συζητείται το κάρμα, τονίζοντας τη σημασία της ανάληψης ευθύνης για τις πράξεις και τις συνέπειές τους.

Συμμόρφωση: η τάση να αλλάζει κανείς τη συμπεριφορά ή τη σκέψη του για να ταιριάζει με την πλειοψηφία ή τα κοινωνικά πρότυπα. Στο βιβλίο συζητείται πώς η συμμόρφωση μπορεί να εμποδίσει την προσωπική ανάπτυξη και την κριτική σκέψη, καθώς οι άνθρωποι συχνά δίνουν προτεραιότητα στην προσαρμογή παρά στη λήψη ανεξάρτητων αποφάσεων.

Αμφιβολία: αίσθημα αβεβαιότητας ή έλλειψης πεποίθησης, συνήθως για τον εαυτό μας ή τις ικανότητές μας. Η αμφιβολία περιγράφεται ως ένα δηλητήριο που μπορεί να εμποδίσει την προσωπική ανάπτυξη και την ικανότητα λήψης αποφάσεων, το οποίο συχνά ενσταλάζεται από ανθρώπους που ισχυρίζονται ότι μας αγαπούν ή μας υποστηρίζουν.

Εγώ: η αίσθηση του εαυτού ή της προσωπικής ταυτότητας, που συνήθως χαρακτηρίζεται από αυτοεπιβεβαίωση και την ανάγκη για εξωτερική επικύρωση. Το βιβλίο διερευνά πώς το εγώ μπορεί να αποτελέσει εμπόδιο στην προσωπική ανάπτυξη και την αληθινή ευτυχία, οδηγώντας τους ανθρώπους να αναζητούν εξωτερική επικύρωση αντί για εσωτερική σοφία.

Ο εγωισμός είναι η ιδιότητα να νοιάζεται κανείς υπερβολικά ή αποκλειστικά για τον εαυτό του, συχνά εις βάρος των άλλων. Ο εγωισμός συζητείται ως ένα κοινό χαρακτηριστικό που μπορεί να οδηγήσει σε κακές αποφάσεις και συγκρουσιακές σχέσεις. Το βιβλίο συζητά πώς οι εγωιστές άνθρωποι συχνά τιμωρούν εκείνους που τους βοηθούν.

Κατάσταση ζόμπι: μια μεταφορική ψυχική κατάσταση που χαρακτηρίζεται από έλλειψη επίγνωσης, κριτικής σκέψης και προσωπικής ανάπτυξης. Το βιβλίο χρησιμοποιεί τον όρο «κατάσταση ζόμπι» για να περιγράψει την κατάσταση των βαθιά αδαών και κομφορμιστών ανθρώπων που ζουν διανοητικά στάσιμες ζωές.

Πνευματική εξέλιξη είναι η διαδικασία της προσωπικής ανάπτυξης και εξέλιξης, που συνήθως περιλαμβάνει την αναζήτηση της σοφίας και της αυτογνωσίας. Η πνευματική εξέλιξη αποτελεί κεντρικό θέμα του βιβλίου, το οποίο τονίζει τη σημασία της προσωπικής ανάπτυξης και της αυτογνωσίας για τη λήψη αποτελεσματικών αποφάσεων και την επίτευξη της ευτυχίας.

Ο φόβος είναι η συναισθηματική αντίδραση στην αντίληψη απειλής ή κινδύνου, η οποία συνήθως οδηγεί σε αδράνεια ή αποφυγή. Ο φόβος αναγνωρίζεται ως ένα σημαντικό εμπόδιο στη λήψη αποτελεσματικών αποφάσεων και στην επίτευξη προσωπικών στόχων. Η υπέρβαση του φόβου είναι το κεντρικό θέμα του βιβλίου.

Η επιμονή είναι η ικανότητα να επιμένουμε μπροστά σε δυσκολίες ή καθυστερήσεις. Η επιμονή παρουσιάζεται ως θεμελιώδες χαρακτηριστικό για την επίτευξη της επιτυχίας και την υπέρβαση των εμποδίων. Στο βιβλίο, συχνά συνδέεται με την ταχύτητα και τη θυσία.

Πραγματισμός είναι μια πρακτική προσέγγιση στην επίλυση προβλημάτων και στη λήψη αποφάσεων που εστιάζει σε αυτό που λειτουργεί και όχι σε θεωρητικά ιδεώδη. Το βιβλίο τονίζει τη σημασία του πραγματισμού στη μάθηση και την προσωπική ανάπτυξη, καθώς η θεωρητική γνώση δεν αρκεί για τη λήψη αποτελεσματικών αποφάσεων.

Σοφία είναι η ικανότητα να σκέφτεστε και να ενεργείτε με γνώση, εμπειρία, κατανόηση, κοινή λογική και διάκριση. Η σοφία τονίζεται ως βασικός παράγοντας για την αποτελεσματική λήψη αποφάσεων και την προσωπική ανάπτυξη. Στο βιβλίο συζητείται ο ρόλος της σοφίας στην υπέρβαση του φόβου και της άγνοιας.

Αίτημα αναθεώρησης βιβλίου

Αγαπητέ αναγνώστη,

Σας ευχαριστούμε που αγοράσατε αυτό το βιβλίο! Θα ήθελα πολύ να ακούσω νέα σας. Η συγγραφή μιας βιβλιοκριτικής μας βοηθά να κατανοήσουμε τους αναγνώστες μας και επηρεάζει επίσης τις αποφάσεις αγοράς άλλων αναγνωστών. Η γνώμη σας είναι σημαντική. Παρακαλώ γράψτε μια κριτική βιβλίου! Η καλοσύνη σας εκτιμάται πολύ!

Σχετικά με τον συγγραφέα

Ο Dan Desmarques είναι ένας διάσημος συγγραφέας με αξιοσημείωτη πορεία στον κόσμο της λογοτεχνίας. Με ένα εντυπωσιακό χαρτοφυλάκιο 28 μπεστ σέλερ στο Amazon, συμπεριλαμβανομένων οκτώ #1 μπεστ σέλερ, ο Dan είναι μια αξιοσέβαστη προσωπικότητα στον κλάδο. Αξιοποιώντας το υπόβαθρό του ως καθηγητής πανεπιστημίου ακαδημαϊκής και δημιουργικής γραφής, καθώς και την εμπειρία του ως έμπειρος σύμβουλος επιχειρήσεων, ο Dan προσφέρει έναν μοναδικό συνδυασμό τεχνογνωσίας στο έργο του. Οι βαθιές ιδέες του και το μεταμορφωτικό του περιεχόμενο απευθύνονται σε ένα ευρύ κοινό, καλύπτοντας θέματα τόσο διαφορετικά όσο η προσωπική ανάπτυξη, η επιτυχία, η πνευματικότητα και το βαθύτερο νόημα της ζωής. Μέσα από τα γραπτά του, ο Dan ενδυναμώνει τους αναγνώστες να απελευθερωθούν από τους περιορισμούς, να απελευθερώσουν το εσωτερικό τους δυναμικό και να ξεκινήσουν ένα ταξίδι αυτογνωσίας και μεταμόρφωσης. Σε μια ανταγωνιστική αγορά αυτοβοήθειας, το εξαιρετικό ταλέντο και οι εμπνευσμένες ιστορίες του Dan τον κάνουν να ξεχωρίζει ως συγγραφέα, παρακινώντας τους αναγνώστες να ασχοληθούν με τα βιβλία του και να ξεκινήσουν ένα μονοπάτι προσωπικής ανάπτυξης και διαφώτισης.

Επίσης γραμμένο από τον συγγραφέα

1. 66 Days to Change Your Life: 12 Steps to Effortlessly Remove Mental Blocks, Reprogram Your Brain and Become a Money Magnet

2. A New Way of Being: How to Rewire Your Brain and Take Control of Your Life

3. Abnormal: How to Train Yourself to Think Differently and Permanently Overcome Evil Thoughts

4. Alignment: The Process of Transmutation Within the Mechanics of Life

5. Audacity: How to Make Fast and Efficient Decisions in Any Situation

6. Beyond Belief: Discovering Sacred Moments in Everyday Life

7. Beyond Illusions: Discovering Your True Nature

Σχετικά με τον εκδότη

Το βιβλίο αυτό εκδόθηκε από την 22 Lions Publishing.

www.22Lions.com